Winfried Röser

55 Stundeneinstiege Ethik

einfach, kreativ, motivierend

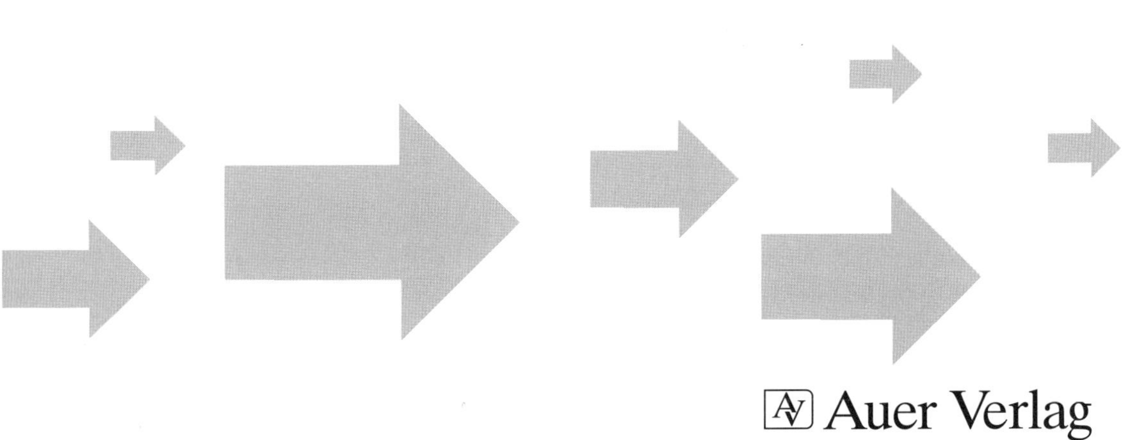

Auer Verlag

Gedruckt auf umweltbewusst gefertigtem, chlorfrei gebleichtem
und alterungsbeständigem Papier.

1. Auflage 2011
Nach den seit 2006 amtlich gültigen Regelungen der Rechtschreibung

Illustrationen: Corina Beurenmeister
Satz: Fotosatz H. Buck, Kumhausen
Druck und Bindung: Aubele Druck GmbH, Bobingen
ISBN 978-3-403-**06704**-7

www.auer-verlag.de

„Wie steige ich in meinen Unterricht ein?"

Die Beantwortung dieser Frage ist für jeden Unterrichtenden von vorrangiger Bedeutung. Gelingt es, einen Spannungsbogen anzubahnen, die Schüler herauszufordern, zu motivieren und ihre Bereitschaft zur aktiven und passiven Mitarbeit zu wecken, oder verstreicht diese Chance ungenutzt? Genau an dieser Fragestellung setzt die Handreichung „55 Stundeneinstiege Ethik" an.

55 unterschiedliche Einstiege in eine Unterrichtsstunde stellen dem Lehrer[1], auch dem fachfremd eingesetzten Pädagogen, einen Fundus vor, aus dem er, abgestimmt auf seine Person und die jeweilige Klasse, den Unterricht abwechslungsreich, zielgerichtet und motivierend beginnen kann.

Alle vorgestellten Variablen sind im täglichen Unterricht praktisch erprobt. Sie berücksichtigen in besonderem Maße heutige didaktische Anforderungen wie Teamfähigkeit, Selbstständigkeit und Schüleraktivität. Der Lehrer, als Planer und Organisator des Unterrichts, sollte sich, wenn immer möglich und sinnvoll, zurücknehmen, die Aktivität der Schüler anbahnen und ihnen dann diese gelenkt überlassen. Deshalb finden sich in vielen Einstiegen auch Sozialformen wie Partner-, Team- oder Kleingruppenarbeit, oft mit zufällig zusammengesetzten Schülern (Losprinzip). Diese Zufälligkeit bedeutet, dass der Lehrer nicht immer auf die gleichen aktiven Schüler zurückgreift, sondern dass jeder – auch der ruhige oder sonst passive Schüler – damit rechnen kann, an die Reihe zu kommen. Die angebotenen Sozialformen sind daher wichtige Voraussetzung für die praktische Umsetzung der Stundeneinstiege.

Bereits in der Einstiegsphase sollen die Schüler möglichst viel themengebunden miteinander kommunizieren, indem sie ihre Position oder Einstellung gegenüber ihren Mitschülern vertreten und begründen. Auch das Einigen auf bestimmte Statements zielt in die gleiche Richtung, denn Einigen bedeutet, Vor- und Nachteile der einzelnen Aussagen abzuwägen, also miteinander zu sprechen.

Einige der Einstiege wurden von mir selbst entwickelt, andere sind weitläufig bekannt, in der Literatur bereits häufig erwähnt und in vielen Variationen beschrieben. Hier war keine eindeutige Quellenangabe möglich.

1 Wenn in diesem Buch vom Lehrer gesprochen wird, ist auch immer die Lehrerin gemeint. Ebenso verhält es sich mit Schüler und Schülerin.

Der Aufbau der Handreichung

Die 55 vorgestellten Einstiegsmöglichkeiten dienen je nach Intention der **Wiederholung von Inhalten** der letzten Stunde(n), der **Hinführung auf die folgende Unterrichtstunde** oder der **Anknüpfung an vorbereitende Hausaufgaben**. Die vorgeschlagenen Zeitansätze variieren dabei zwischen 10 und 15 Minuten, die gewählten Sozialformen sind schüleraktiv, kommunikativ, oft in einem steten Wechsel von Gespräch und Schreiben. Ein vierter Schwerpunkt stellt mögliche Einstiege **in neue Unterrichtsreihen** vor, bei denen, da es sich um eine Planungs-, Motivations- und Strukturgestaltungsstunde handelt, in der Regel 45 Minuten vorgesehen sind.

Zu jedem Einstiegsvorschlag wird die Klassenstufe angegeben, ab der ein Einsatz der jeweiligen Stundeneinstiege möglich ist. Der Einstieg hängt natürlich von der jeweiligen Klassenkonstellation und dem Vorwissen bzw. Umfeld der Schüler ab. Zur besseren Orientierung wurde eine aufsteigende Reihenfolge gewählt.

Zur schnelleren Orientierung auf den einzelnen Seiten dieses Buches wurden Icons verwendet:

Der Punkt **Zielsetzung** beschreibt kurz die mit dem Einstieg verbundenen Unterrichtsziele bzw. Kompetenzen.

Um eine konkrete Vorstellung über die **Durchführung** zu erleichtern, ist jedem Vorschlag ein praktisches **Beispiel** für den Unterricht beigefügt.

In der Regel finden sich noch **weitere Hinweise** für Anregungen zu Einsatzmöglichkeiten oder zur Weiterführung der Stunde.

Zum leichteren Wiederauffinden der Einstiege sind im **Index** (S. 62) alle Stundeneinstiege in alphabetischer Reihenfolge aufgeführt.

Stuhlkreis oder normale Sitzordnung

Karte oder Bild (als Impuls), Pinnwand

Zielsetzung:

Schüler wiederholen Lerninhalte der letzten Stunde(n), indem sie kurze Aussagesätze bilden und jeweils die Antwort des Vorgängers wiederholen.

Durchführung:

- Lehrer heftet Impulskarte oder Bild an die Pinnwand.
- Ein Schüler formuliert eine kurze Aussage zum Thema (ein Satz) und gibt das Wort weiter.
- Der nachfolgende Schüler wiederholt die Antwort des Vorgängers und fügt seine individuelle Aussage an.
- Die Wiederholungsrunde endet, wenn es keine Aussagen mehr zum Thema gibt.

Beispiel:

Thema: So sind Freunde

Lehrer heftet das Freundschaftsbild kommentarlos an die Pinnwand.

Lehrer: Wir wiederholen mithilfe des Echospiels, was in der letzten Stunde erarbeitet wurde.

Schüler 1: Ich sehe, wie sich zwei Kinder umarmen.

Schüler 2: Schüler 1 (Name) hat gesagt, ich sehe, wie sich zwei Kinder umarmen; ich ergänze, es sind sicher Freunde.

Schüler 3: Schüler 2 (Name) hat gesagt, es sind sicher Freunde; ich ...

Weitere Hinweise:

Das Echospiel zwingt die Schüler, in ganzen Sätzen zu antworten.

Schülerpaare oder Kleingruppe

pro Schülerpaar 1 Briefumschlag mit Bild, Klebstoff, Plakatkarton

Zielsetzung:

Schüler setzen in Partnerarbeit oder Kleingruppen ein zerschnittenes Bild als Ganzes zusammen und wiederholen so die Thematik der letzten Stunde.

Durchführung:

- Schüler sitzen sich paarweise gegenüber oder am Kleingruppentisch.
- Lehrer verteilt Briefumschläge mit den Teilen eines zerschnittenen Bildes.
- Schüler probieren, besprechen sich über einzelne Teile und setzen das Bild zusammen.
- Das fertige Bild wird auf Plakatkarton geklebt.
- Die Bilder werden untereinander verglichen und ihre Bedeutung erklärt.

Beispiel:

Thema: Freundschaft

Weitere Hinweise:

Bei längerem Zeitansatz können auch unterschiedliche Schnipselbilder angeboten werden.

1.3 Überzeugungsspiel

Halbkreis

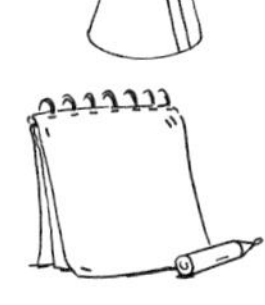

Situation (als Impuls), Tafel, evtl. rote und grüne Karten

Zielsetzung:

Schüler sollen, ausgehend von einer offenen Situation, im Spiel ihr Gegenüber zu einem bestimmten Verhalten überzeugen.

Durchführung:

- Schüler sitzen im Halbkreis. Lehrer schildert eine Situation mit Aufforderungscharakter.
- Schüler überlegen sich eine mögliche Lösung und wie sie diese spielerisch darstellen wollen.
- Das Grundproblem wird als Frage an der Tafel notiert.
- Lehrer verteilt oder verlost die Rollen.
- Schüler spielen die Situation, in der sie ihr Gegenüber zu einem bestimmten Verhalten überzeugen sollen.
- Mitschüler bewerten, ob die Überzeugung gelungen ist.
- Eine weitere Spielrunde schließt sich an.

Beispiel:

Thema: Streit und Versöhnung: Wie kann ich mich entschuldigen?

Situation: Carmen hat ein Geheimnis ihrer besten Freundin Susi an ihre Schulnachbarin Frieda verraten. Susi reagiert empört, als sie von Frieda darauf angesprochen wird. Carmen will Susi als Freundin behalten. Sie ...

Beim Spielen sollte sich Susi eher stur stellen; Carmen braucht gute Argumente, um Susi zu überzeugen, ihre Freundin zu bleiben.

Weitere Hinweise:

Zur Dokumentation, ob die Überzeugung gelungen ist oder nicht, können rote bzw. grüne Karten als Symbol verwendet werden.

1.4 Bahnstation

ca. 20 Min. | ab Kl. 1

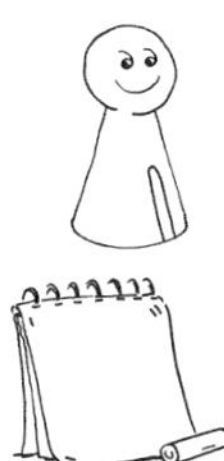

Schülergruppen

4 Gesprächsimpulse (Bild, Kurztext, Symbol ...),
Ziffernkarten 1–4 (pro Schüler 1)

Zielsetzung:

Schüler durchlaufen in Gruppen mehrere Stationen mit verschiedenen Gesprächsimpulsen und wiederholen mündlich Inhalte der letzten Stunden.

Durchführung:

- Lehrer hängt vier unterschiedliche, mit Nummern versehene Gesprächsimpulse (Symbol, Bild, Kurztext, Schlagzeile = vier Stationen) mit etwas Abstand an die Wand des Klassenraumes.
- Schüler ziehen Karten mit den Ziffern 1 bis 4.
- Alle Schüler mit Ziffer 1 gehen zu Station 1, alle mit der Ziffer 2 zu Station 2 usw.
- Auf ein Zeichen hin sprechen die Gruppenmitglieder über den entsprechenden Impuls.
- Ist die vereinbarte Gesprächszeit (ca. 3 Min.) abgelaufen, gibt der Lehrer ein Zeichen und die Gruppen wechseln im Uhrzeigersinn zur nächsten Station.

Beispiel:

Thema: Versöhnen

Folgende Gesprächsimpulse sind denkbar:

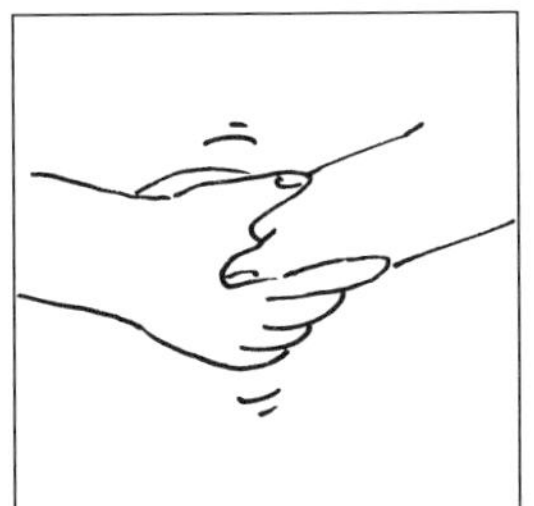

Ich entschuldige mich für das falsche Verhalten – ich nehme deine Entschuldigung an.

Sich versöhnen heißt stark sein.

Weitere Hinweise:

Bei den Gruppengesprächen sollte jedes Gruppenmitglied pro Station mindestens einmal zu Wort kommen.

Einzelarbeit, Gruppenarbeit

Karteikasten, Karteikarten DIN A5: vorbereitete Fragekarten (mindestens so viele wie Schüler – eher mehr), leere Antwortkarten (pro Schüler 1)

Zielsetzung:

Schüler wiederholen eine Lerneinheit, indem sie Fragen auf einer Karteikarte individuell beantworten.

Durchführung:

- Lehrer erläutert den Ablauf.
- Jeder Schüler erhält eine leere Antwortkarte und zieht dann eine Fragekarte. Diese wird verdeckt auf den Tisch gelegt.
- Auf ein Startzeichen versuchen die Schüler, die Frage zu beantworten. Sie notieren die Antwort auf der Antwortkarte.
- Schüler mit der gleichen Frage treffen sich in einer Kleingruppe und suchen die Ideallösung.
- Frage und Antwort werden jeweils dem Plenum vorgestellt.
- Frage und Antwort werden jeweils in einen Karteikasten einsortiert. Dieser steht auch für andere Fragestellungen zur Verfügung.

Beispiel:

Thema: Menschen verehren Gott

Frage 1	**Frage 2**	**Frage 3**
Zu welchen Tageszeiten beten die Moslems?	Welche Gebetshaltungen kennst du?	Was ist eine Wallfahrt?

Weitere Hinweise:

Die Antworten können in Stichpunkten gegeben werden.

Stuhlkreis oder Karree

4–6 Begriffkarten, Karteikarten (pro Schüler 1), Stifte, Pinnwand

Zielsetzung:

Schüler wiederholen durch das Herauslösen von Grundbegriffen aus einer Umschreibung Grundkenntnisse der letzten Stunde(n). Die vortragenden Schüler üben sich im verständlichen Formulieren.

Durchführung:

- Schüler sitzen im Stuhlkreis.
- Lehrer verteilt themengebundene Begriffe an vier bis sechs Schüler. Diese bekommen eine kurze Zeit für ihre Vorbereitung.
- Schüler beschreiben nacheinander den jeweiligen Begriff mit ihren Worten, ohne ihn zu nennen, ca. eine Minute lang. Sie heften ihre Karte auf die Rückseite einer Pinnwand.
- Übrige Schüler schreiben den erratenen Begriff auf eine Karteikarte oder machen einen Strich.
- Der nächste Schüler trägt seine Umschreibung vor.
- Wenn alle ausgewählten Schüler ihre Begriffe vorgetragen haben, werden die zu ratenden Begriffe genannt.
- Wer alle Begriffe richtig erkannt hat, erhält ein + oder eine andere „Belohnung".

Beispiel:

Thema: Rechte von Kindern

Auf der ersten Karteikarte steht der Begriff „Recht auf Schulbesuch".
Ein Schüler umschreibt: Alle Kinder in Deutschland müssen da hin, in anderen Ländern dürfen sie nicht, manchmal ist es langweilig, oft macht es großen Spaß, viele Kinder sind dann zusammen, einen Aufpasser gibt es auch, die Pausen machen Spaß, ...

Weitere Hinweise:

Bei den Umschreibungen darf nichts gesagt werden, woraus der Begriff direkt erkennbar ist.

1.7 Domino

ca. 10 Min. | ab Kl. 2

Schülerpaare

pro Schülerpaar 2 Umschläge mit Satzfragmenten, Klebstoff und 1 Karteikarte

Zielsetzung:

Schüler wiederholen die Thematik der letzten Stunde(n), indem sie in Partnerarbeit Satzfragmente zu einem Domino zusammensetzen.

Durchführung:

- Schüler bilden Paare und setzen sich gegenüber an einen Schülertisch.
- Lehrer verteilt an jedes Schülerpaar zwei verschiedene Umschläge mit Satzfragmenten.
- Schüler öffnen die Umschläge. Sie legen die Satzteile aus und setzen diese abwechselnd zu einem sinnvollen Text zusammen.
- Wer den fertigen Text vorliegen hat, meldet sich per Handzeichen.
- Der Text wird zur Kontrolle und zur Korrektur vorgelesen.
- Schüler kleben den Text auf eine Karteikarte.

Beispiel:

Thema: Religiöse Feste

an den Auszug der Israeliten aus Ägypten.	Die Geschichte wird den gläubigen
Mose aus der Knechtschaft geführt.	das Paschafest. Es erinnert
Damals wurden die Juden von	Juden vom Ältesten erzählt.
An Ostern feiern die Juden	Dazu versammelt sich die ganze Familie.

normale Sitzordnung

Bildvorlage (als Arbeitsblatt, Lösung als Folie), Overheadprojektor

Zielsetzung:

Schüler beschriften an einem Bild die markanten Einzelteile und wiederholen so Kernbegriffe des Themas.

Durchführung:

- Lehrer verteilt Bildvorlage (Bild oder Zeichnung).
- Schüler arbeiten gemäß Auftrag. Sie beschriften die gekennzeichneten Teile.
- Lehrer präsentiert die richtige Lösung mithilfe eines Overheadprojektors.
- Schüler kontrollieren und berichtigen gegebenenfalls.

Beispiel:

Thema: Wir und unsere Umwelt

Weitere Hinweise:

Vor der Überprüfung mithilfe des Overheadprojektors kann auch eine Partnerkontrolle erfolgen.

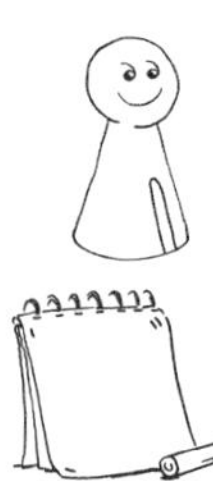

2 Halbkreise (2 Gruppen)

Begriffkarten, Ziffernkarten 1–5 (je 2), Leerkarten (pro Schüler 1), leere Folie, Overheadprojektor, Stifte

Zielsetzung:

Schüler stellen Schlüsselbegriffe zeichnerisch dar und wiederholen so Inhalte der letzten Stunde.

Durchführung:

- Schüler sitzen sich in zwei Halbkreisen gegenüber, an der Tafelseite ist eine Projektionswand mit Overheadprojektor und Stiften.
- In jeder Gruppe ziehen Schüler Karten mit den Zahlen von 1–5, die restlichen Schüler erhalten Leerkarten.
- Am Overheadprojektor liegen die Begriffkarten.
- Schüler mit der Zahl 1 der Gruppe 1 nimmt eine Begriffkarte und beginnt, auf der Folie den Begriff zu zeichnen. Schüler der anderen Gruppe versuchen, so schnell wie möglich den Begriff zu erraten. Nach zwei Minuten wird abgebrochen.
- Die nächste Runde wird gestartet, diesmal beginnt der Schüler mit der Zahl 1 der Gruppe 2.
- Die Gruppe mit den meisten erratenen Begriffen gewinnt.

Beispiel:

Thema: Einrichtungen in Gotteshäusern

Begriffkarte 1: Kerzen
Begriffkarte 2: Altar
Begriffkarte 3: Minarett

Weitere Hinweise:

Das Spiel kann auch als Wettbewerb, z. B. Jungen gegen Mädchen, durchgeführt werden. Man könnte auch die jeweilige Ratezeit addieren.

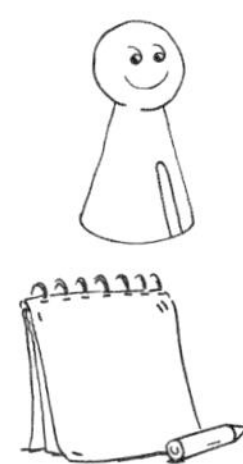

normale Sitzordnung, Stuhlkreis

Karteikarten (pro Schüler 1), Tafel

Zielsetzung:

Schüler wiederholen Inhalte der letzten Unterrichtsstunde durch das Formulieren von Fragen und deren Beantwortung.

Durchführung:

- Lehrer verweist auf das Thema der letzten Unterrichtsstunde und schreibt es an die Tafel.
- Schüler formulieren auf einer Karteikarte zwei Fragen zum Thema.
- Die Karten werden eingesammelt und gemischt.
- Schüler begeben sich in den Stuhlkreis. Jeder zieht eine Fragekarte.
- Ein ausgeloster Schüler liest eine der beiden Fragen vor, die Mitschüler beantworten diese.
- Der erste Frager ruft den nächsten Mitschüler auf, der wiederum eine (möglichst) noch nicht gestellte Frage stellt usw.

Beispiel:

Thema: Kinder aus aller Welt

Lehrer verweist zu Beginn darauf, dass möglichst Fragen zu stellen sind, die nicht nur mit ja oder nein beantwortet werden sollen. Ebenso sollen die Schüler beim Fragen darauf achten, dass sich möglichst keine Frage wiederholt.

Frage 1:
In welchen Ländern gibt es Kinderarbeit?

Frage 2:
Warum ist es verboten, Kinder zu schlagen?

Weitere Hinweise:

Je nach Klasse kann die Fragerunde auch wettbewerbsmäßig (z. B. Jungen gegen Mädchen) durchgeführt werden.

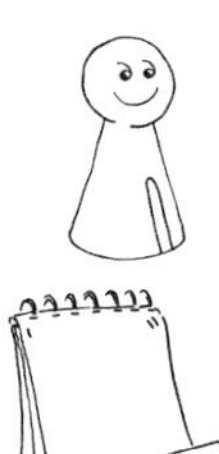

Schülerpaare

pro Schülerpaar 1 Briefumschlag mit Satzteilen

Zielsetzung:

Schüler setzen zerschnittene Satzteile zu sinnvollen Sätzen zusammen und wiederholen so Inhalte der letzten Stunde.

Durchführung:

- Schüler sitzen paarweise zusammen.
- Lehrer verteilt an jedes Schülerpaar einen Briefumschlag. In jedem Umschlag befinden sich neun Satzteile, aus denen dann drei sinnvolle Sätze gebildet werden können (immer bestehend aus jeweils drei Satzteilen). Die Satzzeichen sollen die Schüler selbst setzen.
- Schüler öffnen den Umschlag, legen die Satzteile aus und versuchen, sinnvolle Sätze zusammenzusetzen.
- Schüler tragen ihre Sätze vor, Mitschüler geben eventuell andere Lösungsmöglichkeiten bekannt.

Beispiel:

Thema: Freundschaft

einen guten Freund	da er keinen Freund hat	Justin ist traurig
und alleine	braucht jedes Kind	Meine Freundin Lea
weil sie mir hilft	habe ich sehr gerne	jeden Tag

Weitere Hinweise:

Je nach Thematik und Klasse können auch Briefumschläge verwendet werden, in denen die jeweiligen Satzteile eine verschiedene Anzahl haben.

4er-Gruppen

pro 4er-Gruppe 1 Würfel, 4 Spielfiguren, Spielplan, Fragekarten

Zielsetzung:

Schüler wiederholen in spielerischer Weise durch die Beantwortung von Fragekarten Inhalte der vorausgegangenen Stunden.

Durchführung:

- Schüler sitzen in Vierergruppen an Gruppentischen.
- Lehrer verteilt einen Spielplan, Würfel und Spielfiguren.
- Schüler losen die Reihenfolge aus und gehen abwechselnd auf dem Spielfeld gemäß gewürfelter Zahl weiter.
- Wenn sie auf einem Fragefeld landen, ziehen sie eine Fragekarte, beantworten die gestellte Frage und führen die vorgegebene Bewegung mit den Spielfiguren aus. Die Gruppe bewertet die Richtigkeit der Antwort.
- Wer zuerst das Ziel erreicht, ist Sieger.

Beispiel:

Thema: Menschen leben in Gemeinschaften

Welche Religionsgemeinschaften kennst du?

Richtig: 2 Felder vor
Falsch: 3 Felder zurück

Weitere Hinweise:

Es geht darum, dass die Gruppe die Antworten bewertet. In Problemfällen können Lösungen beim Lehrer nachgefragt werden.

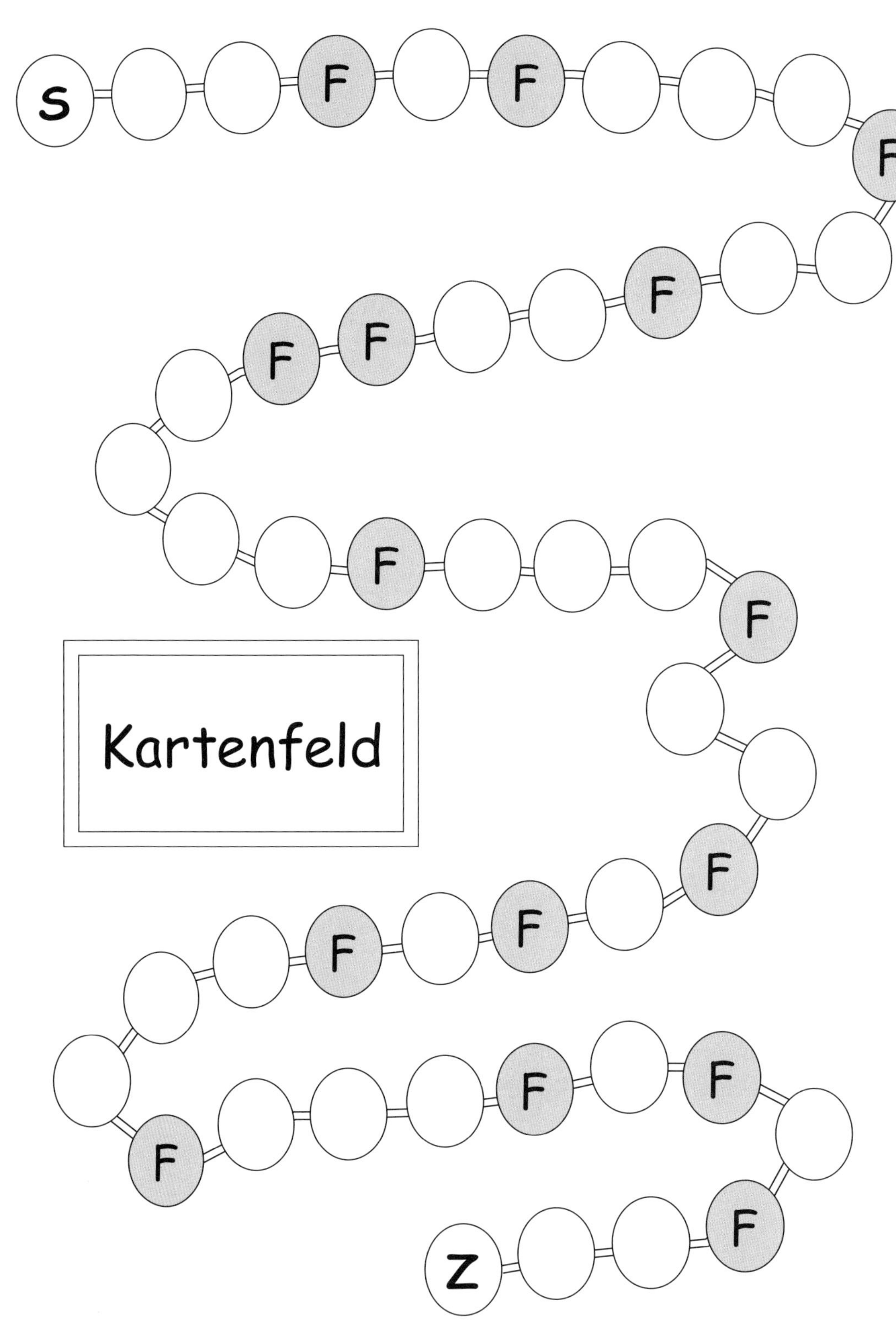
S
F
F
F
F
F
F
F
F
Kartenfeld
F
F
F
F
F
F
F
Z

1.13 Lückentext

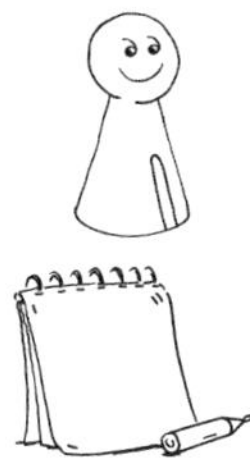

normale Sitzordnung

Lückentext (als Arbeitsblatt und als Folie, Lösung als Folie), Overheadprojektor

Zielsetzung:

Schüler wiederholen Inhalte der letzten Stunden, indem sie einen Lückentext sachgerecht ausfüllen.

Durchführung:

- Lehrer verteilt Arbeitsblatt mit Lückentext.
- Schüler bearbeiten das Blatt und füllen die Lücken sachgerecht aus.
- Ein Schüler beschreibt anstelle des Arbeitsblattes die Lücken auf der Folie.
- Dieser legt die Folie auf den Overheadprojektor und liest seine Lösung vor.
- Mitschüler überprüfen ihr Ergebnis mit dem Vorschlag auf der Folie, berichtigen oder bestätigen.

Beispiel:

Thema: Religiöse Feste

Religiöse Feste

Mit _____ Jahren feiert der jüdische Junge das _______________-Fest. Zur Vorbereitung lernt er, die _____________ Sprache zu lesen. Bei der Feier in der ______________ wird er vom ____________ begrüßt.

Weitere Hinweise:

Die Lückenwörter können, je nach Klasse, auch vorgegeben werden. Die Musterlösung kann auch vom Lehrer aufgelegt werden. Dann ist die Kontrolle als Partnerkontrolle durchzuführen.

4er-Gruppen

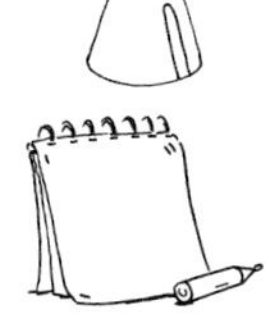

große Fernsehschablone, themengebundene Ausloskarten
(1 pro 4er-Gruppe)

Zielsetzung:

Schüler wiederholen rückblickend Ereignisse aus der (den) letzten Unterrichtsstunde(n).

Durchführung:

- Schüler sitzen in Vierergruppen an Gruppentischen. Auf dem Lehrertisch steht eine Fernsehattrappe.
- Ein Schüler (der Sprecher) begrüßt die Zuhörer und gibt als Kurznachricht das Thema der letzten Stunde wieder.
- Die Schüler besprechen in ihrer „Fernsehfamilie" unterschiedliche Themenschwerpunkte, die sie durch Auslosen erhalten.
- Jede Gruppe trägt ihre Wiederholung dem Plenum vor.

Beispiel:

Thema: Die fünf Säulen des Islam

Sprecher:
Guten Morgen, liebe Schülerinnen und Schüler der Klasse _______________. Hier ist die heutigen Kurzmeldung: In der letzten Ethikstunde wurden die fünf Säulen des Islam besprochen. Diese fünf Säulen sind: das Glaubensbekenntnis, das tägliche Gebet, die Armenspende, das Fasten, die Wallfahrt nach Mekka.
Nähere Einzelheiten besprechen wir in der nachfolgenden Familienrunde.
Dazu erhaltet ihr jetzt euer Schwerpunktthema.

Weitere Hinweise:

Je nach Inhalt kann sich die Familienrunde auch mit dem gleichen Thema beschäftigen, z. B. mit dem Religionsstifter Mohammed. Dann entfällt der Vortrag vor der Klasse, da jede Gruppe inhaltlich dieselbe Wiederholung durchgeführt hat.

Schülerpaare

pro Schülerpaar 20 Stichwortkarten (gleiche Rückseite)

Zielsetzung:

Schüler wiederholen den Stoff der letzten Stunden, indem sie passende Stichwörter zusammenführen.

Durchführung:

- Schüler bilden ein Partnerpaar (nach Tisch oder ausgelost). Jedes Paar erhält 20 Stichwortkarten, von denen je zwei inhaltlich zusammenpassen.
- Die Kärtchen werden gemischt und auf dem Tisch verteilt.
- Schüler decken abwechselnd je zwei Kärtchen auf. Wenn die Karten inhaltlich zusammenpassen, darf das Kind die beiden Karten bei sich sammeln, sonst werden sie verdeckt zurückgelegt.
- Wer die meisten Paare gesammelt hat, hat die Runde gewonnen.

Beispiel:

Thema: Immer wiederkehrende Feste im Jahresablauf

Weihnachten	Erntedankfest	Reformationstag	Fest des Fasten-brechens
Fest der Liebe; Geburt Jesu	Obst, Gemüse, Früchte, Säfte ...	Erinnerung an die Thesen Luthers	Abschluss des Ramadan

Weitere Hinweise:

Für das Memory®-Spiel können auch Symbole und Stichwortkärtchen genutzt werden. Spielt man es in Vierergruppen, sollten je 20 verschiedene Kärtchen vorliegen.

1.16 Kreuzworträtsel

ca. 10 Min. | ab Kl. 3

Einzelarbeit

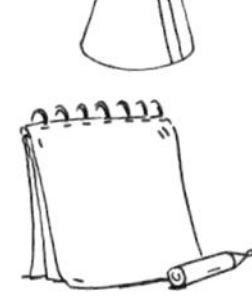

Arbeitsblatt mit Rätsel, Pinnwand, Rätsel auf Pinnwandkarton

Zielsetzung:

Schüler wiederholen durch Ausfüllen eines Rätselblattes Kernbegriffe einer Unterrichtsreihe (oder Einzelstunde).

Durchführung:

- Lehrer verteilt Arbeitsblatt mit dem Rätsel.
- Schüler suchen in Einzelarbeit die gesuchten Begriffe und entwickeln so das Lösungswort.
- Ein Schüler löst das Rätsel an einer Pinnwand, sodass das Ergebnis allen nach Beendigung sichtbar wird, einschließlich Lösungswort.
- Schüler tragen ihr Ergebnis vor und erläutern den Kernbegriff.

Beispiel:

Thema: Der Islam

		R	A	M	A	D	A	N			Fastenmonat
			M	O	S	C	H	E	E		Gebetshaus
A	L	L	A	H							Name Gottes im Islam
		K	A	A	B	A					der heilige Stein

Lösungswort: Name eines Religionsgründers: ______________________

Weitere Hinweise:

Je nach Klasse und Geschick des Lehrers kann auch ein richtiges Kreuzworträtsel zusammengestellt werden.

1.17 Satzketten

ca. 15 Min. | ab Kl. 3

Stuhlkreis oder Karree

Stichwortkarten mit Großbuchstaben, Zahlenkarten 1 bis …
(je nach Schüleranzahl)

Zielsetzung:

Schüler bilden zu vorgegebenen Stichworten eine Satzkette und wiederholen so den Stoff der letzten Stunde.

Durchführung:

- Schüler sitzen im Stuhlkreis.
- Schüler ziehen Karten mit Großbuchstaben oder Zahlen.
- Schüler mit der Karte A nimmt eine Stichwortkarte, liest die Stichworte vor und hält sie vor sich.
- Schüler mit der Zahl 1 formuliert zu den Stichwörtern einen Satz.
- Schüler mit der Zahl 2 ergänzt den Aussagesatz um einen weiteren.
- Schüler mit der Zahl 3 führt die Aussage weiter.
- Schüler mit der Zahl 4 beendet die Aussage.
- Das Verfahren läuft weiter. Schüler mit dem Buchstaben B nimmt die nächste Stichwortkarte ...

Beispiel:

Thema: Menschen schützen ihre Umwelt

Schüler A: Stichwortkarte: Gelber Sack – Papiersammlung – Restmüll
Schüler 1: In den gelben Sack kommen Plastikabfälle.
Schüler 2: Altpapier wird in der blauen Tonne gesammelt.
Schüler 3: Zum Restmüll gehört alles außer Papier, Bioabfall und gelbem Sack.
Schüler 4: Bei uns wird der Müll sortiert und dann gesammelt.

Weitere Hinweise:

Der Schwierigkeitsgrad lässt sich erhöhen, wenn der vorausgegangene Satz wiederholt wird.

normale Sitzordnung

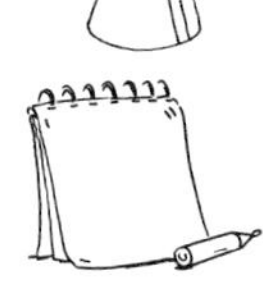

Karteikarten DIN A5 (pro Schüler 1), Stichwörter auf Folie, Overheadprojektor, Scheren, Behälter zum Aufbewahren der Karteikärtchen

Zielsetzung:

Schüler ordnen Schlüsselwörtern die richtige umschreibende Bedeutung (in Stichworten) zu und fertigen sich so einen Spickzettel an.

Durchführung:

- Lehrer verteilt an jeden Schüler eine viergeteilte Karteikarte, auf der vier Schlüsselwörter stehen.
- Lehrer projiziert Stichwörter zu den Schlüsselwörtern an eine Projektionswand.
- Schüler schreiben zu jedem Schlüsselwort vier passende Begriffe an den entsprechenden Pfeil.
- Die Karteikarte wird in vier gleichgroße Kärtchen zerschnitten. Die Kärtchen werden zur Partnerkontrolle ausgetauscht.
- Die Karteikärtchen können in einem Behälter gesammelt werden.

Beispiel:

Thema: Gebetshäuser

Auf der Karteikarte stehen die Schlüsselbegriffe Kirche, Synagoge, Moschee, Tempel.

Auf der Folie stehen:
Thora, Altar, Glocke, Mandir, Priester, Rabbi, Kibla, …

Kirche	Synagoge
Moschee	Tempel

Weitere Hinweise:

Die Karteikärtchen können mit anderen Themen ergänzt und so zu einem Wiederholungsordner werden.

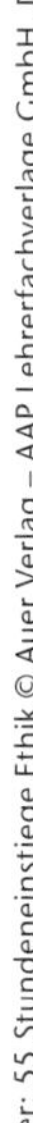

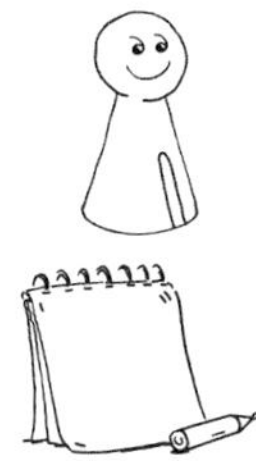

normale Sitzordnung

Arbeitsblatt (zum Ankreuzen), Lösung als Folie, Overheadprojektor

Zielsetzung:

Schüler wiederholen Kernbegriffe eines Themas, indem sie dem Begriff richtige bzw. falsche Aussagen zuordnen.

Durchführung:

- Lehrer verteilt das Arbeitsblatt mit drei bis vier Kernbegriffen und für jeden Kernbegriff vier bis acht Aussagen.
- Schüler bearbeiten die Vorlage, indem sie Aussagen als richtig (r) oder falsch (f) kennzeichnen.
- Lehrer projiziert die richtigen Aussagen an die Projektionswand.
- Schüler überprüfen im Rahmen der Partnerkontrolle.

Beispiel:

Thema: Lebensformen in der Familie

Notiere zu jeder Aussage richtig (r) oder falsch (f):

Die Kleinfamilie:	☐	In der Kleinfamilie sind alle Menschen klein.
	☐	Die Kleinfamilie besteht aus drei bis vier Personen.
	☐	In der Kleinfamilie lebt auch die Oma.
	☐	Vater, Mutter und ein bis zwei Kinder gehören dazu.
	☐	Kleinfamilien leben immer in einem Haus.

Weitere Hinweise:

Die Kontrolle kann auch in Einzelarbeit oder durch Vorlesen erfolgen.

normale Sitzordnung oder Stuhlkreis

Kopiervorlage (Tafelbild der letzten Stunde)

Zielsetzung:

Schüler fassen die Lerninhalte der vorausgegangenen Stunde mithilfe eines strukturierten Tafelbildes in verbaler Form zusammen.

Durchführung:

- Lehrer verteilt das stichwortartig, strukturierte Tafelbild der letzten Stunde.
- Schüler erhalten drei Minuten Zeit, um sich auf die Thematik einzustellen und einen Kurzvortrag vorzubereiten.
- Ein Schüler wird als Vortragender bestimmt oder besser ausgelost. Die übrigen wenden das Blatt auf die freie Seite.
- Der vortragende Schüler verbalisiert das Tafelbild.
- Mitschüler bewerten den Vortrag.

Beispiel:

Thema: Merkmale einer Freundschaft

Schüler verbalisieren die Aussagen des Arbeitsblattes durch einen kurzen Vortrag.

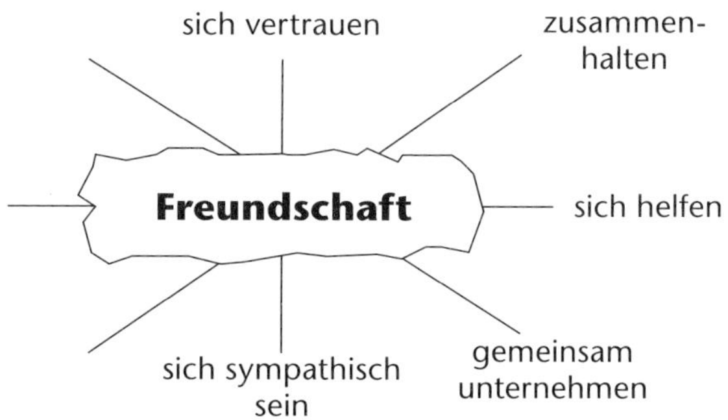

Weitere Hinweise:

Das Tafelbild kann sich auch als Abschrift der letzten Stunde im Heft der Schüler befinden.

Halbkreis

12 Aufgabenkarten, 4 Personenkarten, rote Klebepunkte

Zielsetzung:

Schüler strukturieren durch die Zuordnung von Aufgaben- und Personenkarten ein Thema vor.

Durchführung:

- Schüler sitzen im Halbkreis mit freier Sicht zur Tafel (oder Pinnwand). An der Tafel sind vier Personenkarten angeheftet. 12 Aufgabenkarten liegen verdeckt auf einem Tisch vor der Tafel.
- Schüler decken eine Karte auf, ordnen diese einer Person zu und heften sie entsprechend an die Tafel.
- Schüler können die Karte umhängen, wenn sie anderer Meinung sind.
- Umstrittene Karten werden mit roten Klebepunkten markiert.
- Es folgt die nächste Aufgabenkarte, bis alle Karten an der Tafel hängen.

Beispiel:

Thema: Aufgaben in der Familie

Lehrer: Die vier Personen an der Tafel gehören zur Familie Koch.
Jede Person soll verschiedene Aufgaben erledigen. Ordnet jetzt diese Aufgaben, die ihr auf den umgedrehten Karten findet, zu. Ihr könnt Karten umhängen, wenn ihr nicht einverstanden seid. Begründet dies aber kurz. Wenn ihr euch nicht einigen könnt, erhält die Karte ein rotes Kennzeichen.

Tafel:
Vater Klaus
Mutter Helene
Sohn Pierre (6 Jahre)
Tochter Elli (4 Jahre)

Aufgabenkarten:
Glühlampe austauschen
Zimmer aufräumen
Müll hinaustragen
Straße kehren
Haustier füttern
Wäsche bügeln

Weitere Hinweise:

Für die Klassen 1–2 sollten die Aufgaben gezeichnet sein.

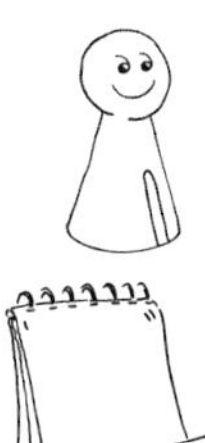

normale Sitzordnung

Reiseerzählung, Kopiervorlage: Reiseblatt mit Wolke, CD mit Entspannungsmusik, CD-Player

Zielsetzung:

Die Schüler reflektieren über sich selbst durch Identifikation mittels einer Fantasiereise.

Durchführung:

- Lehrer verteilt Reiseblatt mit großer Wolke. Schüler legen Bleistifte oder Buntstifte bereit.
- Lehrer fordert die Schüler auf, sich entspannt und bequem hinzusetzen, die Augen zu schließen und die folgende Reiseerzählung auf sich wirken zu lassen. Im Hintergrund läuft entspannende Begleitmusik.
- Nach Abschluss der Reiseerzählung notieren die Schüler ihre persönliche Eigenschaften in die Wolke.

Beispiel:

Thema: Nachdenken über sich selbst

Es ist ein warmer und sonniger Ferientag. Finn liegt im Freibad auf der Decke und schaut auf die große Wolke, die gerade im Schleichtempo am Himmel vorbeizieht. Ach, wie gerne wäre ich auf dieser Wolke, denkt er. Die kleine Erhebung in der Mitte wäre mein Kopfkissen und mein Bett mit dem weichen Kuschelbettzeug wird von der schwebenden Wolke sachte getragen, immer weiter über Felder und Flüsse, Ortschaften und kleine Städte.
Oh, da kommt eine zweite Wolke, die etwas schneller ist, vielleicht kann ich die überspringen. Würde ich mich das trauen? Bin ich eigentlich mutig oder eher ängstlich? Was sind denn meine guten und was sind meine schlechten Seiten? Die Wolke fliegt vorbei, ich habe es verpasst. Auf die nächste Wolke schicke ich meine guten und schlechten Eigenschaften auf die Reise um die Welt. Welche sind das? Ich notiere sie kurz in meine Wolke: ...

Weitere Hinweise:

Fantasiereisen in Klassen 1–2 sollten eine Zeichenaufgabe enthalten.

5er-Gruppen

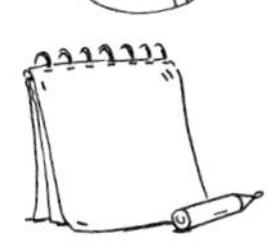

Kurzinfo- und Karteikarten (pro 5er-Gruppe je 2), Pinnwand, Stift

Zielsetzung:

Die Schüler transportieren Kurzinformationen über mehrere Stationen und üben sich so im richtigen Zuhören.

Durchführung:

- Die einzelnen Gruppen stehen in Fünferreihen mit leichtem Abstand hintereinander.
- Der vorderste Schüler jeder Gruppe erhält vom Lehrer die Karte mit der Kurzinformation.
- Schüler liest die Info und gibt diese im Flüsterton an seinen Hintermann weiter.
- Ist die Info beim letzten Schüler angelangt, schreibt dieser den Satz auf eine Karteikarte.
- Anschließend wiederholt sich der Vorgang mit einer zweiten Kurzinfo, wobei die Reihenfolge der Schüler gewechselt werden kann.
- Anfangs- und Endfassung der Kurzinfos werden an der Pinnwand verglichen.

Beispiel:

Thema: Regeln erleichtern das Zusammenleben

Kurzinfo 1: In der Familie wie auch in der Schule ist es wichtig, dass Regeln von allen Personen eingehalten werden.

Kurzinfo 2: Wenn alle Menschen sich an die Regeln halten, gibt es weniger Streit und Unfälle.

Weitere Hinweise:

In den Klassen 1–2 können Kurzinfos durch Weitersagen gestartet und als Satz am Ende mitgeteilt und so verglichen werden.

Schülergruppen, Stuhlkreis

4 Thesenplakate, Karteikarten (pro Schüler 1), Stifte

Zielsetzung:

Schüler lernen thesenartig formulierte Meinungen zu einem Thema kennen und beziehen dazu Stellung.

Durchführung:

- Lehrer hängt vier Thesenplakate in vier Ecken der Klasse.
- Schüler teilen sich in vier Gruppen und versammeln sich jeweils vor dem ihnen zugewiesenen Plakat.
- Sie lesen die These und machen sich auf einer Karteikarte dazu Stichpunkte.
- Nach ca. drei Minuten erfolgt auf ein Zeichen des Lehrers ein Wechsel zum nächsten Plakat.
- Der Vorgang wiederholt sich, bis jeder Schüler jedes Plakat gelesen und dazu Stichworte notiert hat.
- Die Schüler treffen sich im Stuhlkreis, um mithilfe ihrer Aufzeichnungen über die Thesen zu sprechen.

Beispiel:

Thema: Der Mensch zerstört seine Umwelt

Lehrer:
Ihr findet im Klassenraum verteilt vier Plakate mit Meinungen zum Thema: Wir verursachen viel unnötigen Abfall.
Wir zählen von 1 bis 4 ab. Alle Schüler mit 1 gehen zum Plakat 1, Schüler mit 2 zum Plakat 2 ...
Auf das Kommando „Wechsel" (oder Glockenklang) geht ihr im Uhrzeigersinn zum nächsten Plakat.

Weitere Hinweise:

Anstelle von Thesen können sich in den Klassen 1–2 auch Bilder oder Zeichnungen auf dem Plakat befinden.

Stuhlkreis oder Karree

Impulsgeschichte, Notizzettel, Stifte

Zielsetzung:

Schüler leiten aus einer Impulsgeschichte im Rahmen der Zielorientierung das Stundenthema her.

Durchführung:

- Schüler sitzen im Stuhlkreis. Lehrer begibt sich auf den Erzählstuhl.
- Lehrer erzählt (oder liest) die Impulsgeschichte mit offenem Schluss.
- Schüler dürfen sich auf dem Stichpunktzettel Notizen machen.
- Schüler äußern sich spontan zur Geschichte.
- Eventuelle Verständnisfragen werden geklärt.
- Schüler verbalisieren aus dem offenen Schluss der Geschichte die Problemfrage oder das Stundenthema.

Beispiel:

Thema: Freundschaft – Wann ist eine Freundschaft in Gefahr?

Nico kann nicht mehr mein Freund sein
Chris ist sauer auf seinen bisher besten Freund Nico. Am liebsten würde er die Freundschaft mit Nico aufkündigen Sie hatten sich verabredet, um gemeinsam einen Ausflug in den Zoo zu unternehmen. Dort konnte man zum ersten Mal das neugeborene Elefantenbaby besichtigen. Aufgeregt stand Chris vor dem Zootor und wartete. Immer wieder blickte er zur Uhr. Aber Nico kam nicht ...

Weitere Hinweise:

Ein besonders interessanter Hinweis kann auch gespielt werden.

Stuhlkreis oder Karree

Bildvorlage als Folie und Overheadprojektor oder Bildvorlage als Ausdruck und Pinnwand

Zielsetzung:

Schüler beschreiben und interpretieren ein zur Motivation und Hinführung zum Thema gezeigtes Bild.

Durchführung:

- Schüler sitzen im Stuhlkreis.
- Lehrer projiziert ein Bild oder heftet es gut sichtbar an eine Pinnwand.
- Schüler äußern sich spontan. Sie beschreiben das Bild und versuchen erste Interpretationen.
- Schüler achten dabei auf die Grundregeln der Gesprächsführung (dem anderen zuhören, sich melden, das Wort weitergeben, den Mitschüler direkt ansprechen ...).
- Schüler formulieren zu dem Bild ein mögliches Stundenthema.

Beispiel:

Thema: Gefühle wahrnehmen

2.7 Begriffe assoziieren

ca. 10 Min. | ab Kl. 1

Stuhlkreis oder Karree

Schlüsselwörter, Tafel

Zielsetzung:

Schüler assoziieren zu vorgegebenen Schlüsselwörtern und geben so ihr Vorwissen bzw. Voreinstellung zum jeweiligen Thema bekannt.

Durchführung:

- Schüler sitzen im Stuhlkreis.
- Lehrer schreibt themenzentriertes Reizwort an die Tafel.
- Schüler erhalten zwei Minuten Bedenkzeit.
- Sie melden sich und geben ihr Vorwissen bzw. ihre Voreinstellung zum Thema bekannt. Dabei sollte auf vollständige Sätze geachtet werden. Als Hilfe können Redewendungen dienen wie: Bei ... denke ich an; zu dem ... fällt mir ein; ich verbinde mit ...
- Lehrer hält vorgetragene Assoziationen stichpunktartig an der Tafel fest.
- Lehrer schreibt das nächste Schlüsselwort an die Tafel.

Beispiel:

Regeln für das Zusammenleben

Schlüsselwort	Assoziation
Unordentliches Kinderzimmer	Bei einem unordentlichen Kinderzimmer denke ich an ... Zu einem unordentlichen Kinderzimmer gehören ...
Arbeitsteilung in der Familie	

Weitere Hinweise:

Für die Klassen 1–2 können die Impulse bildhaft gestaltet sein.

Stuhlkreis oder Karree

Begriffkarten, Tafel

Zielsetzung:

Schüler stellen einen vom Lehrer bereitgehaltenen Begriff spontan pantomimisch dar.

Durchführung:

- Schüler sitzen im Stuhlkreis. Lehrer bestimmt einen Schüler (oder lost aus) und zeigt ihm einen Begriff.
- Schüler erhält kurze Zeit zum Überlegen.
- Schüler versucht, den Begriff pantomimisch darzustellen. Mitschüler dürfen raten und dabei in die Klasse rufen. Wer den Begriff errät, darf die nächste Runde spielen.
- Der erratene Begriff wird von einem anderen Schüler an die Tafel geschrieben.

Beispiel:

Thema: Feste im Jahreskreis

Lehrer:
Ich zeige einem von euch einen Begriff, den dieser so darstellen soll, dass die anderen Schüler diesen möglichst erraten können. Ihr dürft mehrmals raten.
Errät keiner von euch den Begriff, sage ich irgendwann: „Halt!"

Ostern	Geburtstag	Nikolaus

Weitere Hinweise:

Anstelle eines geschriebenen Begriffs kann in den Klassen 1–2 auch ein Bild oder eine Zeichnung stehen.

2.9 Abstimmung mit Füßen

ca. 10 Min. | ab Kl. 2

Klasse in Bewegung (Tische und Bänke sollen so gestellt sein, dass sich die Schüler bewegen können)

3–5 Situationen (als Impuls), 4 Plakatkartons

Zielsetzung:

Schüler verraten ihre Einstellung zu bestimmten Sachverhalten oder Situationen, um so Gesprächsanlässe für den weiteren Stundenverlauf zu gewinnen.

Durchführung:

- Lehrer heftet Plakatkartons mit vier Alternativen entlang einer Klassenseite an die Wand.
- Schüler stehen in der Mitte des Klassenraumes.
- Lehrer bittet die Schüler, sich nach einer kurzen These für eine Alternative zu entscheiden und sich dorthin zu stellen.
- Lehrer zählt ab. Die jeweilige Schüleranzahl wird auf den Plakatkarton notiert.
- Bevor die nächste These angesagt wird, stellen sich alle Schüler wieder in die Mitte.

Beispiel:

Thema: Regeln in der Schule

Schüler stehen in der Mitte der Klasse.

Lehrer: Stellt euch nach meiner Aussage an die Stelle des Wandplakates, das eure persönliche Meinung wiedergibt.

Aussage: Mit dem Klingelzeichen stellen sich alle Schüler zu zweit auf und werden von ihrem Lehrer in die Klasse geführt.

immer richtig	meistens richtig	oft falsch	immer falsch

Weitere Hinweise:

Umstrittene Punkte sollten im nachfolgenden Unterricht ausführlich besprochen werden.

Schülerpaare, 4er-Gruppen

Karteikarten (pro Schüler 1), Plakat, Stifte

Zielsetzung:

Schüler bereiten durch mehrere Gesprächsrunden ein Thema mit möglichst vielen Aspekten für den Unterricht vor.

Durchführung:

- Lehrer schreibt Kurzimpuls an die Tafel.
- Schüler notieren spontane Gedanken dazu auf einer Karteikarte.
- Schüler setzen sich paarweise zusammen und besprechen ihre Aufzeichnungen.
- Der Informationsaustausch wird mit neuen (nach dem Zufallsprinzip ausgesuchten) Gesprächspaaren fortgesetzt.
- In jeweils einer Vierergruppe fassen die Schüler schriftlich die wichtigsten und von allen gemeinsam befürworteten Aussagen zusammen.
- Die Aussagen werden auf einer Plakatwand dem Plenum präsentiert.

Beispiel:

Thema: Behinderte Mitmenschen

Impuls:
Unser neuer Mitschüler ist behindert, er trägt ein Hörgerät und stottert.

Mögliche Gedanken:
Muss vorne sitzen.
Darf nicht ausgelacht werden.
Ich will meinen Nachbarn behalten – er soll neben Sophie sitzen.

Einzel- oder Partnerarbeit

Arbeitsblatt, Tafel

Zielsetzung:

Schüler sammeln ihr vorhandenes Wissen bzw. Vorwissen durch Ausfüllen eines vorgegebenen Rasters.

Durchführung:

- Lehrer weist in die Methode ein und verteilt ein mit einer Tabelle vorbereitetes Arbeitsblatt. Die Tabelle mit den Oberbegriffen und das Thema stehen ebenfalls an der Tafel.
- Lehrer sagt laut den Buchstaben A und führt das Alphabet im Kopf weiter. Ein vorher bestimmter Schüler ruft „stopp" und der Lehrer nennt den Buchstaben, bei dem er gerade war.
- Schüler füllen für diesen Buchstaben die Tabelle aus. Wer fertig ist, ruft laut „halt". Wenn nach ca. zwei bis drei Minuten noch keiner fertig ist, beendet der Lehrer die Phase.
- Schüler legen ihre Stifte hin. Der als Erster fertig gewordene Schüler liest seine Ergebnisse laut vor. Die Klasse überprüft die Richtigkeit.
- Die nächste Runde schließt sich an.

Beispiel:

Thema: Streitsituationen im Alltag

Familie	Schule	Freundeskreis	Ferien
abtrocknen	anrempeln	angeben	ausschlafen
Haustiere	Hausaufgaben	Hilfsbereitschaft	–
Unordnung	Unpünktlichkeit	Unehrlichkeit	Urlaub

Weitere Hinweise:

Wenn nur bestimmte Buchstaben bearbeitet werden sollen, kann der Lehrer auch Zettel mit Buchstaben vorbereiten und so gezielter arbeiten.

Stuhlkreis, Kleingruppe

4 Personenkarten (Bilder), Karteikarten (pro Schüler 1), Pinnwand

Zielsetzung:

Schüler ordnen über eine konkrete Fragestellung bestimmten Personen eine für diese typische Aussage zu.

Durchführung:

- Schüler sitzen im Stuhlkreis.
- Schüler zählen von 1–4 durch und notieren sich ihre Zahl auf einer Karteikarte.
- Lehrer stellt vier Personen verschiedener Generationen auf einer Pinnwand vor. Er gibt die Fragestellung bekannt, heftet sie mit einem Satzstreifen über die Personen und nummeriert diese.
- Schüler identifizieren sich mit der Person ihrer Zahl, überlegen mögliche Aussagen und notieren diese auf der Karteikarte.
- Schüler mit der gleichen Zahl treffen sich in einer Kleingruppe, sprechen über ihre Vorschläge und einigen sich auf zwei Aussagen.
- Die Gruppen stellen nacheinander ihre Aussagen vor, die Mitschüler können jeweils nachfragen.

Beispiel:

Thema: Gemeinschaft:

Frage: Wer leert den Mülleimer?

2.13 Diagramm

normale Sitzordnung

Diagramm (als Folie), Overheadprojektor, Karteikarten (pro Schüler 1)

Zielsetzung:

Schüler bereiten durch die Interpretation eines einfachen Diagramms Aussagen zum Themeneinstieg vor.

Durchführung:

- Lehrer präsentiert Gesamtansicht eines Diagramms mit dem Overheadprojektor.
- Schüler notieren spontan auf einer Karteikarte ihre Deutung.
- Schüler tragen mögliche Deutungen vor, sprechen über Gemeinsamkeiten und Unterschiede.
- Lehrer deckt zur Erklärung des Diagramms Teile ab und öffnet schrittweise wieder das Gesamtbild.
- Schüler äußern sich zu den einzelnen Diagrammteilen.
- Schüler überprüfen abschließend ihre Deutung mit der korrekten Aussage.

Beispiel:

Thema: Menschen haben Wünsche

Wünsche für die Ferien

Schüler

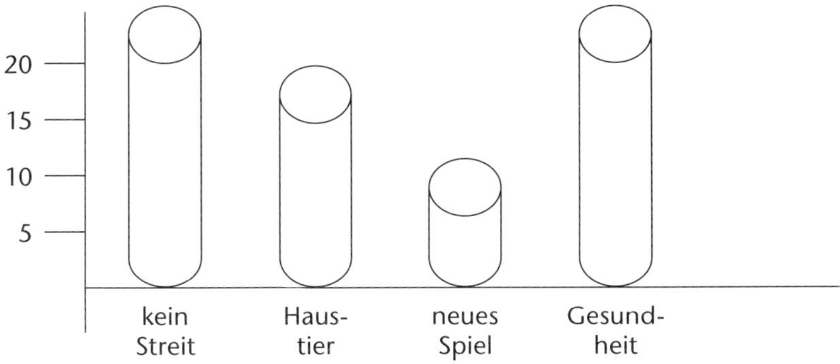

Weitere Hinweise:

Sollten alle Schüler das Diagramm in der Anfangsphase richtig deuten, entfällt das detaillierte Betrachten.

Stuhlkreis

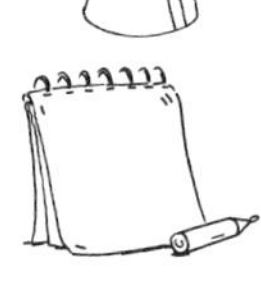

Situation (als Impuls), Pinnwand, die von beiden Seiten beschriftet werden kann, 2 dicke Filzschreiber

Zielsetzung:

Die Schüler notieren familiäre Streitsituationen in Stichworten auf einer Pinnwand.

Durchführung:

- Schüler sitzen im Stuhlkreis. Im Mittelpunkt des Kreises steht eine Pinnwand, die von beiden Seiten beschriftet werden kann.
- Der Lehrer gibt eine kurze Situationsschilderung als Impuls.
- Die Schüler überlegen und schreiben ihre Streitsituation in Stichworten auf die Pinnwand, die eine Hälfte des Stuhlkreises auf der einen, die andere auf der anderen Seite.
- Die Pinnwand wird gedreht, die Schüler sehen die andere Hälfte, sie können nachfragen und um Erläuterungen bitten.

Beispiel:

Thema: Streitsituationen in der Familie

Situation: Kevin sitzt am Mittagstisch. Er bekommt keinen Bissen herunter und stochert in seinem Essen. Die Mutter reagiert sauer und macht ihm Vorwürfe. Kevin steht auf, verlässt den Raum und knallt die Küchentür zu.

Lehrer verweist ohne Kommentar auf die Pinnwand. Dort steht: Darüber kann es in der Familie zu Streit kommen.
Von jeder Stuhlkreishälfte steht ein Schüler auf, notiert stichpunktartig einen möglichen Streitgrund, ruft den nächsten Schüler auf und setzt sich wieder. Nach fünf Minuten wird abgebrochen und die Pinnwand gewendet. Die Schüler lesen die Stichworte der anderen Hälfte und können dazu Fragen stellen.

Weitere Hinweise:

Je nach Zeit kann man auch auf das Wenden verzichten und Fragen zu der eigenen Hälfte stellen lassen. Die Informationen der Rückseite werden dann in der Erarbeitungsphase genutzt.

2.15 Brainwriting

ca. 20–25 Min. ab Kl. 3

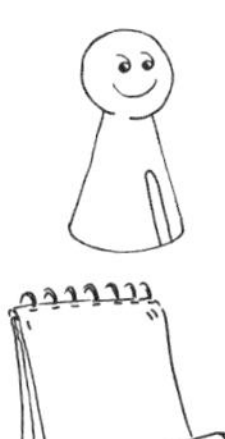

Halbkreis

Tafel, weiße und farbige Kreide

Zielsetzung:

Schüler sammeln ihre spontanen Assoziationen zu einem Reizwort und ordnen diese vor.

Durchführung:

- Schüler bilden einen Stuhlhalbkreis mit freier Sicht zur Tafel.
- Lehrer schreibt ein Impulsstichwort an und fordert die Schüler auf, alles an die Tafel zu schreiben, was ihnen zu dem Stichwort einfällt.
- Schüler rufen sich nacheinander auf und notieren ihr Stichwort – die gesamte Tafel steht zur Verfügung.
- Nach zehn Minuten ist die Writing-Phase beendet. Schüler können zu Begriffen, die sie nicht kennen, nachfragen.
- Schüler unterstreichen Begriffe, die inhaltlich zusammengehören, mit der gleichen Farbe und stellen so verschiedene Aspekte des Themas heraus.

Beispiel:

Thema: Wasser – verschiedene Sichtweisen zum Wasser

In der Mitte der Tafel steht der Impuls „Wasser". Schüler kommen abwechselnd zur Tafel, schreiben ihr Stichwort auf – egal an welche Stelle – und setzen sich wieder.

Hochwasser Regenwasser gießen baden tauchen
Überschwemmung **W a s s e r** Schwimmbad löschen
reinigen …

Weitere Hinweise:

Bei der inhaltlichen Zuordnung sollte man sich auf vier Farben (Aspekte) beschränken.

normale Sitzordnung, Partnerarbeit

Arbeitsblatt

Zielsetzung:

Schüler führen durch Identifikation mit der Hauptperson eine Situation in schriftlicher Form weiter.

Durchführung:

- Lehrer verteilt an die Schüler ein Arbeitsblatt mit Aufforderungscharakter.
- Schüler identifizieren sich mit der Hauptperson.
- Sie notieren in Stichworten oder kleinen Sätzen ca. fünf Minuten lang, wie die Situation weitergeführt werden kann.
- Schüler tragen ihre Weiterführung dem Tischnachbarn vor.
- Ausgeloste Beispiele werden dem Plenum vorgestellt.

Beispiel:

Thema: Streiten

Auf die Straße geschubst werden ist ziemlich gefährlich.

Hoffentlich passiert nichts.

Der Junge muss sich entschuldigen.

Weitere Hinweise:

Die ideale Lösung kann an der Tafel fixiert werden.

2.17 Heilloses Durcheinander

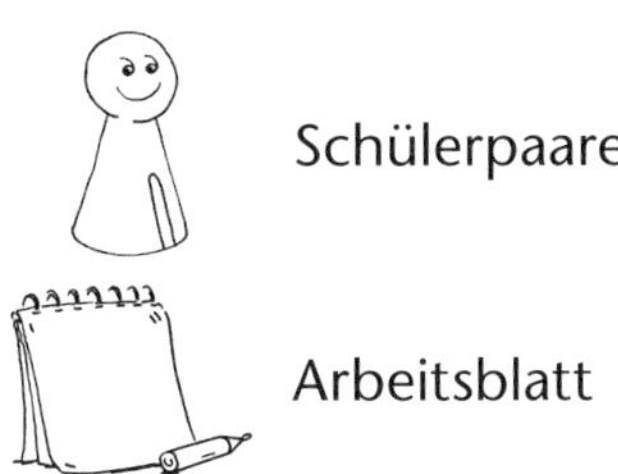

Zielsetzung:

Schüler setzen unsortierte Worte in einer Denkblase zu vollständigen Sätzen zusammen.

Durchführung:

- Lehrer verteilt Arbeitsblatt mit Abbildungen von Kinderköpfen und durcheinandergeratenen Satzteilen in den Denkblasen.
- Schüler setzen in Partnerarbeit die Satzteile in den Denkblasen zu vollständigen Sätzen zusammen und versuchen, diese in eine sinnvolle Reihenfolge zu bringen.
- Ausgeloste Paare stellen ihre Vorschläge vor. Die Mitschüler bewerten, berichtigen oder bejahen.
- Eine der Denkblasen beinhaltet eine Frage. Diese wird besonders verglichen und als Stundenthema an die Tafel geschrieben.

Beispiel:

Thema: Gemeinschaft

Weitere Hinweise:

Diese Übung eignet sich auch zur Wiederholung von Unterrichtsinhalten.

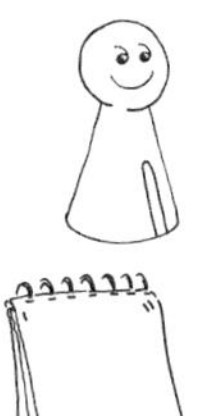

normale Sitzordnung

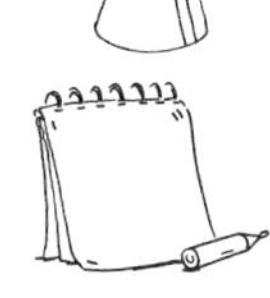

Pinnwand, Plakat, Karteikarten (pro Schüler 1)

Zielsetzung:

Schüler bereiten ein Thema vor, indem sie den Blickwinkel umkehren und so neue Lösungsstrategien entwickeln.

Durchführung:

- Lehrer gibt das Stundenthema bekannt und heftet es an die Pinnwand.
- Schüler machen sich Gedanken und überlegen Antworten.
- Lehrer stellt das Stundenthema um, er stellt es quasi auf den Kopf und visualisiert dies mit einem Plakat an der Pinnwand.
- Schüler denken um und ändern so ihre Lösungsstrategien. Sie notieren mögliche Antworten auf einer Karteikarte unter dem Stichwort: Meine Umkehrungsideen.
- Im Unterrichtsgespräch werden die Umkehrideen erläutert und an der Pinnwand festgehalten.
- Lehrer verweist erneut auf das Ausgangsthema.
- Schüler verbalisieren, dass sie alles zusammengetragen haben, was das Thema negativ besetzt. Jetzt muss wieder umgekehrt werden.

Beispiel:

Thema: Gemeinschaft – Verzeihen ist notwendig

Verzeihen ist unsinnig

Wer verzeiht, ist ein Schwächling.
Wer verzeiht, zieht den Kürzeren.
Man muss sich unbedingt durchsetzen.
...

Weitere Hinweise:

Die Umkehrideen sollten am Ende der Stunde rot durchgestrichen werden.

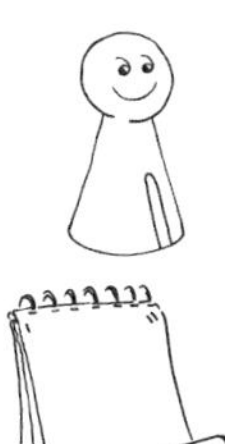

Schülerfreibewegung, Tische rund um die Klasse

Collage als Hausaufgabe

Zielsetzung:

Schüler präsentieren ihren Mitschülern eine zu Hause vorbereitete Arbeit und bereiten so den Stundeneinstieg vor.

Durchführung:

- Vorbereitende Hausaufgabe: In Kleingruppen eine Collage (Bild, Zeichnung, Text oder Kombination von allem) erstellen und die Präsentation vorbereiten.
- Jede Kleingruppe legt ihre Collage auf einen Tisch.
- Schüler sammeln sich in der Klassenmitte und erhalten den Auftrag, sich die einzelnen Collagen genau anzusehen.
- Sie schlendern durch die Ausstellung, um Eindrücke und Informationen zu gewinnen.
- Auf ein Zeichen des Lehrers sammeln sich alle wieder in der Mitte. Die Klasse geht nun (Reihenfolge ausgelost) von Tisch zu Tisch, lässt sich von den jeweiligen Künstlern ihre Collage erklären und kann nachfragen.
- Im Stehkreis werden zum Abschluss offene Fragen thematisiert und die wichtigste wird im weiteren Unterricht besprochen.

Beispiel:

Thema: Behinderte Menschen

Vorbereitende Hausaufgabe:
Stelle eine Collage zusammen, auf der behinderte Menschen im Mittelpunkt stehen. Ihr könnt Bilder sammeln, zeichnen, kurze Texte ausschneiden oder schreiben und eure Beiträge auf einem DIN-A3-Plakat zusammenstellen. Überlegt, warum ihr die Beiträge ausgesucht habt und wie ihr die Collage erklären möchtet.

Weitere Hinweise:

Die Collage kann auch in der vorherigen Unterrichtsstunde in Gruppenarbeit erstellt worden sein und nicht als Hausaufgabe gegeben werden.

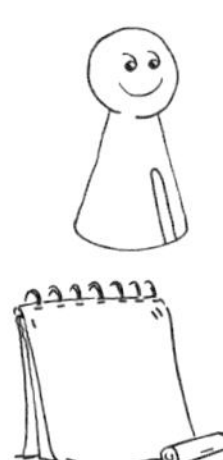

Stuhlkreis oder Karree

5 Lesetexte als Hausaufgabe, Lesepult

Zielsetzung:

Schüler werden durch das Vorlesen ausgesuchter Texte zu einem Thema hingeführt.

Durchführung:

- Lehrer hat am Ende der vorausgegangenen Stunde fünf verschiedene Texte an die Schüler verteilt mit dem Auftrag, diese zu Hause zu lesen.
- Schüler sitzen im Stuhlkreis. Jeder Text wird von einem Schüler (ausgelost oder bestimmt) am Lesepult vorgelesen. Danach ist jeweils eine kurze Pause, um den Text wirken zu lassen.
- Wenn die fünf Texte vorgetragen sind, wird das Gemeinsame der Texte gesucht und als Stundenthema an der Tafel festgehalten.

Beispiel:

Thema: Tod

Vorbereitende Hausaufgabe:
Lesetext 1: Claudia ist traurig. Ihre Oma liegt schon seit Tagen auf der Intensivstation im Krankenhaus. Gestern hat Claudia Oma besuchen dürfen. Oma hat kaum gesprochen und sah sehr müde und abgespannt aus. Als Claudia heute aus der Schule kommt, sieht sie, dass ihre Mutter verweinte Augen hat ...
Lesetext 2: Todesanzeige: Heute verschlief unser geliebter ...
Lesetext 3: Bericht von einem Autounfall mit Todesfolge ...

Weitere Hinweise:

Je nach Thema können die vorzutragenden Texte auch zu Hause selbst geschrieben oder ausgesucht worden sein.

Stuhlkreis oder Karree

Kurzvortrag als Hausaufgabe, Spickzettel, Mikrofon, Rekorder

Zielsetzung:

Schüler schlüpfen in die Rolle eines Reporters und berichten (nach der Vorbereitung als Hausaufgabe) über ein konkretes Thema.

Durchführung:

- Lehrer erteilt die Hausaufgabe, einen Kurzvortrag von ca. zwei bis drei Minuten über ein bestimmtes Thema vorzubereiten. Ein Spickzettel zur Gedächtnisstütze ist erlaubt.
- Schüler sitzen im Stuhlkreis, die Reporter sind ausgelost oder bestimmt.
- Lehrer begrüßt die Zuhörer und gibt das Mikrofon an den ersten Reporter weiter.
- Dieser hält seinen Kurzvortrag.
- Die Zuhörer können sich anschließend über Inhalt und Art des Vortrags äußern.
- Es schließt sich Reporter 2 an.

Beispiel:

Thema: Not in der Welt

Lehrer:
Guten Morgen, liebe Zuhörerinnen und Zuhörer. Unser heutiges Tagesthema ist die Not in der Welt. Dazu haben wir Reporter in verschiedene Länder geschickt, die von dort über Menschen in Not berichten.

Als Erstes rufen wir unseren Reporter ________________ in ________________.
Hallo, hörst du mich? ...

Weitere Hinweise:

Für die vorbereitende Hausaufgabe muss den Schülern die entsprechende Sachinformation zur Verfügung stehen (Buch, Lexikon, Kopiervorlage ...).

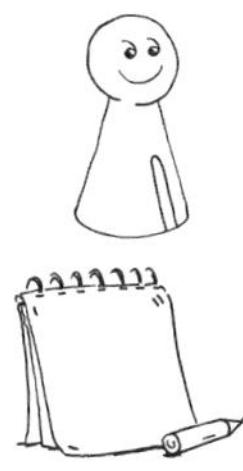

Stuhlkreis, Schülerpaare

3 Aussagen zu einem Thema als Hausaufgabe, Tafel, Klebepunkte

Zielsetzung:

Schüler strukturieren den Ablauf der Unterrichtsstunde durch Gewichten von Aussagen der vorbereitenden Hausaufgabe.

Durchführung:

- Schüler erstellen in einer Hausaufgabe zu einem Thema drei konkrete Aussagen.
- Sie sitzen im Stuhlkreis, stellen ihrem Nachbarn wechselseitig die Aussagen vor und einigen sich gemeinsam auf drei.
- Die Paare tragen ihre Aussagen erläuternd vor, der Lehrer notiert stichpunktartig an der Tafel. Wiederholungen entfallen, ebenso fachlich falsche Aussagen.
- Jeder Schüler entscheidet durch das Anbringen von drei Klebepunkten, welche Aussagen er im Unterricht besprechen möchte. Die Punkte können geteilt, aber auch zusammen gegeben werden.
- Die Aussage mit den meisten Punkten wird als erste ausführlich thematisiert.

Beispiel:

Thema: Menschen fehlt es oft an Zeit

Vorbereitende Hausaufgabe:
Oft klagen heute Menschen, dass sie für viele Vorhaben und Wünsche keine oder zu wenig Zeit haben. Sicher ist es dir auch schon so ergangen oder du hast es bemerkt. Schreibt drei Möglichkeiten auf, was du selbst oder deine Familie gegen den Ausspruch „Dafür habe ich aber keine Zeit" unternehmen könnt.

3.5 Fragebogenaktion

Halbkreis oder Karree

Arbeitsblatt: Fragebogen als Hausaufgabe

Zielsetzung:

Schüler bereiten durch Befragung mittels eines Fragebogens den Einstieg in die Stunde vor, da so unterschiedliche oder gemeinsame Aussagen sichtbar werden.

Durchführung:

- Lehrer bittet die Schüler, ihre ausgefüllten Fragebogen (als Hausaufgabe war gestellt, den Fragebogen von bis zu drei Personen ausfüllen zu lassen) bereitzuhalten.
- Der Fragebogen wird Frage nach Frage schrittweise besprochen.
- Ein Schüler trägt jeweils seine erfragten Antworten vor, die Mitschüler ergänzen die von ihnen erfragten Aussagen.
- Lehrer hält unterschiedliche Aussagen an der Tafel unter der Nummer der jeweiligen Frage stichpunktartig fest.

Beispiel:

Thema: Feste im Jahresverlauf

Vorbereitende Hausaufgabe:

Fragebogen:

1. Gab es in deiner Jugend einen Laternenumzug?

   ____

2. Wie wurde dieser Umzug durchgeführt?

   ____

3. Warum wurde der Umzug durchgeführt?

   ____

Weitere Hinweise:

Mögliche andere Feste sind zum Beispiel Halloween, Nikolaus, Zuckerfest, Weihnachten.

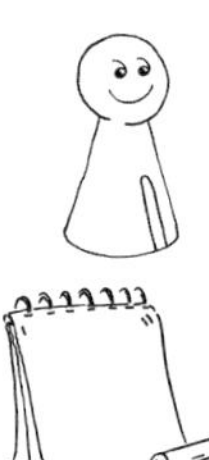

Stuhlkreis oder Karree

Spickzettel zu einem Text oder Bild als Hausaufgabe

Zielsetzung:

Schüler fassen ein vorbereitetes Thema mithilfe eines Spickzettels zusammen und tragen es vor.

Durchführung:

- Schüler erhalten als Hausaufgabe einen Text (Bild, Zeichnung ...) und erstellen zu der Vorlage einen Spickzettel mit den Kernaussagen.
- Schüler versammeln sich im Stuhlkreis. Ein vortragender Schüler wird ausgelost oder bestimmt.
- Schüler trägt mithilfe seines Spickzettels die wichtigsten Aussagen vor. Mitschüler ergänzen, verbessern oder bestätigen.
- Es schließt sich eine zweite bzw. dritte Runde an.

Beispiel:

Thema: Leben in der Gemeinschaft

Vorbereitende Hausaufgabe:

Bild:

Text:
Heute ist der Schulfotograf in der Schule. Draußen an der gemütlichen Sitzgruppe macht dieser ein Klassenfoto. Die kleineren Schüler dürfen sich auf die Bänke setzen, die größeren stellen sich dahinter auf. Der Fotograf achtet darauf, dass er jeden Schüler mit vollem Gesicht auf seinem Bild hat. Daher macht er auch zehn verschiedene Fotos.

Stuhlkreis, Schülervortrag

Vortrag als Hausaufgabe, Spickzettel

Zielsetzung:

Schüler plädieren werbend für ein Thema und begründen dabei ihre werbenden Aussagen.

Durchführung:

- Lehrer erteilt die Hausaufgabe, einen positiven und werbenden Vortrag über ein Thema zu verfassen (schriftlich oder in Stichworten). Das Thema sollte in der Stunde besprochen sein.
- Schüler versammeln sich im Stuhlkreis.
- Ein ausgewählter (ausgeloster) Schüler geht zu dem Plädoyerstuhl, nimmt Platz und trägt sein Plädoyer vor.
- Mitschüler können Notizen machen, sie äußern sich anschließend zu Inhalt und Art des Vortrags.
- Ein weiterer Schüler trägt sein Plädoyer vor.
- Zum Abschluss wird der überzeugendste „Anwalt" gekürt.

Beispiel:

Thema: Menschen schützen ihre Umwelt

Vorbereitende Hausaufgabe:
Schreibe einen Vortrag, der deine Mitschüler dafür begeistern soll, sich für den Schutz und den Erhalt ihrer Umwelt einzusetzen.

Weitere Hinweise:

Je nach Klasse kann das schriftliche Plädoyer abgelesen oder auch mithilfe eines Spickzettels frei vorgetragen werden.

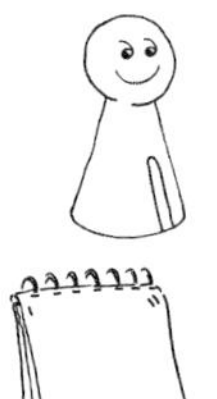

Stehkreis, Stuhlkreis, Schülerpaare

Bilder, Plakatkarton (Streifen), Stifte, Pinnwand, Tafel

Zielsetzung:

Schüler planen durch das mehrfache Gespräch über verschiedene thematisch zusammengehörende Bilder eine Unterrichtsreihe.

Durchführung:

- Die Klassentische stehen am Rand der Klasse, die Stühle sind unter die Tischplatte geschoben, Schüler stehen vor ihren Stühlen.
- Lehrer legt in der Mitte der Klasse verschiedene Bilder aus. Schüler gehen langsam im Kreis umher und betrachten die Bilder.
- Auf Kommando nimmt sich jeder Schüler ein Bild und hat jetzt ca. drei Minuten Zeit, sich mit seinem Bild zu beschäftigen.
- Schüler bilden auf ein Zeichen hin Paare, erklären sich gegenseitig ihr Bild und warum sie es ausgesucht haben.
- Die Paarbildung wird mehrfach gewechselt.
- Schüler gehen zu den Tischen, auf denen Plakatkarton und Stifte liegen. Jeder notiert auf drei Plakatstreifen jeweils eine wichtige Aussage zu dem gewählten Bild.
- Schüler zeigen nacheinander ihr Bild, erläutern ihre drei Begriffe und heften die Plakatstreifen an eine große Pinnwand oder die Tafel.
- Gleiche Aussagen können weggelassen oder übereinander befestigt werden.
- Im nächsten Schritt werden die Aussagen thematisch geordnet.

Beispiel:

Thema: Kinder aus aller Welt

Bilder von Kindern aus aller Welt aus den verschiedensten Lebensbereichen

Weitere Hinweise:

Es sollten einige Bilder mehr vorhanden sein, als Schüler in der Klasse sind. In der Klasse 1 sollen Schüler einen Begriff zu ihrem Bild nennen, der Lehrer fungiert als Schreibhilfe.

Schülergruppen, Stuhlkreis

Stegreifvorlage

Zielsetzung:

Schüler spielen eine vorgegebene Szene, identifizieren sich mit den Hauptakteuren und zeigen unterschiedliche Zugänge zum Thema.

Durchführung:

- Lehrer teilt die Klasse in mehrere gleich starke Gruppen ein.
- Jede Gruppe erhält die gleiche Vorlage zu einem Stegreifspiel.
- Schüler bereiten sich auf das Spiel vor, sie verteilen die Rollen und versuchen, diese inhaltlich gemäß der Vorgabe auszufüllen.
- Die Gruppen proben ihren Auftritt. Es sollte für jede Gruppe ausreichend Platz zur Verfügung stehen, z. B. Flur, Nachbarklasse.
- Die Reihenfolge der Vorstellungen wird ausgelost. Gruppe 1 beginnt mit ihrem Spiel. Vorher nehmen die Mitschüler im Stuhlkreis Platz. Sie können sich während des Spiels Notizen machen.
- Nach der Spielrunde gibt es ein kurzes Feedback.
- Die zweite Gruppe stellt ihr Spiel vor usw.

Beispiel:

Thema: Angst

> Vorlage:
> Draußen ist es schon dunkel. Vater, Mutter und zwei Kinder sitzen beim Abendessen. Die Getränke fehlen. Vater bittet die Kinder, aus dem Kofferraum des Autos, das auf dem dunklen Hof steht, eine Flasche Bier und eine Limonade zu holen. Die beiden Kinder verlassen das Haus und knipsen das Licht im Hof an. Als sie das Auto erreichen, geht das Licht plötzlich aus und es gibt ein merkwürdiges Geräusch.

Weitere Hinweise:

Die Vorlage kann auch für die einzelnen Gruppen verschiedene Inhalte haben.

Stehkreis, Rundgang, Stuhlkreis

Gegenstände, 3 Fragen

Zielsetzung:

Schüler nehmen zu frei ausgesuchten Gegenständen Stellung, geben ihre persönliche Einstellung bekannt und tauschen sich mit den Mitschülern aus.

Durchführung:

- In der Raummitte sind auf Tischen unterschiedliche Gegenstände, Bilder, Zeichnungen ausgestellt. Schüler stehen im Kreis und gehen langsam um die Ausstellungsstücke herum.
- Jeder Schüler entscheidet sich für einen Gegenstand, nimmt diesen an sich und überlegt, welche Assoziationen er damit verbindet, warum er ihn ausgesucht und was er mit dem Thema zu tun hat. Die drei Aufträge stehen an der Tafel.
- Schüler nehmen in einer freien Reihenfolge zu dem ausgesuchten Gegenstand Stellung. Mitschüler können bei Unklarheiten nachfragen.
- Lehrer notiert oder zeichnet den ausgesuchten Gegenstand an die Tafel.
- Schüler sprechen über Gemeinsamkeiten und Unterschiede der ausgesuchten Gegenstände und grenzen so den Rahmen des Themas ab.

Beispiel:

Thema: Der Mensch in der Gemeinschaft

Mögliche Gegenstände: Handy, CD, Buch, Kalender, Butterdose, Stofftier, Getränk, Tabletten, Familienbild, Rollstuhl ...

Lehrer:
Heute befinden wir uns im Museum der Klasse ______. Viele Gegenstände, Bilder oder Zeichnungen warten auf einen neuen Besitzer. Ihr schaut euch alles in Ruhe an und überlegt, welcher Gegenstand, welches Bild oder welche Zeichnung euch am meisten anspricht. Dies nehmt ihr auf ein Zeichen von mir an euch. Überlegt auch einen Ersatzgegenstand, wenn euer Lieblingsstück vergriffen ist.

Weitere Hinweise:

Es müssen mehr Gegenstände als Schüler in der Klasse vorhanden sein.

4er-Gruppen, Unterrichtsgespräch

Situation (Bild oder Text),
Placemat-Vorlage, Tafel

Zielsetzung:

Schüler füllen eine vorgegebene Situation mit eigenen Ideen und beginnen damit die Planung einer Unterrichtsreihe.

Durchführung:

- Lehrer führt in eine Situation mit offenem Ausgang ein (Bild oder Text).
- Schüler sammeln zunächst Ideen zur Weiterführung im Kopf.
- Sie treffen sich zu einer Vierergruppe, auf dem Gruppentisch liegt ein Placemat. Jeder Schüler besetzt einen Abschnitt des Placemats.
- Jeder notiert oder zeichnet mindestens drei seiner Ideen auf seinem Abschnitt. Dabei sollte nicht gesprochen werden.
- Wenn alle fertig sind, gehen die Schüler um ihren Tisch und schauen, was die anderen geschrieben oder gezeichnet haben. Sprechen ist nur zum Nachfragen erlaubt.
- Schüler entscheiden, welche drei Ideen die besten sind. Diese Ideen kommen in die bisher freie Mitte des Kastens.
- Im Unterrichtsgespräch werden die Ideen vorgestellt und besprochen. Der Lehrer hält sie in Stichpunkten an der Tafel fest. So wird gemeinsam die Struktur der Unterrichtsreihe aufgebaut.

Beispiel:

Thema: Freunde haben

> Situation:
> Holger, Dennis, Jens und Mike treffen sich um 15 Uhr am Spielplatz. Die vier sind immer zusammen und gestalten gemeinsam den Nachmittag. Die Hausaufgaben waren heute schnell erledigt, sodass ausreichend Zeit zum Spielen blieb. Jetzt musste nur noch abgestimmt werden, wohin und was. Als die vier Jungen gerade mit dem Abklatschen fertig sind, kommt ein Neuer angerast. Mit quietschenden Reifen bremst er sein Fahrrad. „Kann ich mitmachen?", war seine Frage.

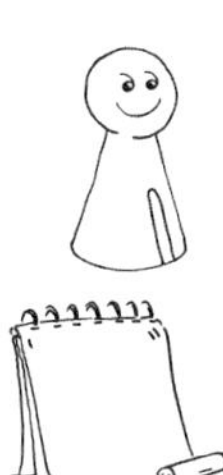

4 Gruppentische, Stuhlkreis

4 Bilder, Pinnwand, Protokollblatt (pro Schülergruppe 1)

Zielsetzung:

Schüler interpretieren vier Einzelbilder, fügen diese anschließend zu einer Collage zusammen und strukturieren so eine Unterrichtsreihe.

Durchführung:

- Klasse wird in vier Gruppen geteilt, Schüler sitzen an Gruppentischen.
- Jede Gruppe erhält ein verdecktes Bild mit der Nummer 1–4.
- Das Bild wird auf Kommando aufgedeckt. Die Schüler beginnen mit dem Beschreiben, Erklären, Interpretieren der dargestellten Situation. Sie halten wichtige Aussagen auf einem Protokollblatt fest.
- Schüler der ersten Gruppe stellen ihr Bild dem Plenum vor und heften es an die Pinnwand. Mitschüler können bei Bedarf nachfragen oder ergänzen.
- Es schließen sich die Schüler der Gruppen 2–4 an.
- Die Schüler bilden jetzt einen Stuhlkreis.
- Die vier Einzelbilder an der Pinnwand werden zu einer sinnvollen Collage umgesteckt. Schüler betrachten die Collage. Sie erklären, beschreiben und interpretieren.
- Gemeinsam suchen sie eine Überschrift mit vier Untertiteln, das Thema ist vorstrukturiert.

Beispiel:

Menschen zerstören ihre Umwelt

4.6 ABC-Assoziation

normale Sitzordnung, Einzel-, Partner- und Gruppenarbeit

Arbeitsblatt „Alphabet“, Tafel

Zielsetzung:

Schüler bereiten verschiedene Sichtweisen einer Unterrichtsreihe vor, indem sie zum Thema die Reihe des Alphabets mit entsprechenden Begriffen versehen.

Durchführung:

- Lehrer verteilt ein vorbereitetes Alphabetblatt an die Klasse.
- Schüler suchen in Einzelarbeit zu jedem Buchstaben mindestens einen zum Thema passenden Begriff. Finden sie keinen Begriff, machen sie einen Strich.
- Mit ihrem Tischnachbarn besprechen und ergänzen die Schüler ihre Liste.
- Schüler bilden Kleingruppen. Sie tauschen ihre Begriffe aus und einigen sich jeweils auf einen Begriff pro Buchstabe und überlegen, wie sie den Begriff in die an der Tafel stehende Tabelle eintragen.
- Eine (ausgeloste) Kleingruppe trägt ihre Ergebnisse vor. Dabei ordnen sie die Begriffe in eine vorgegebene Tabelle. Bei Unsicherheit wird der Begriff mit einem Fragezeichen versehen.
- Die übrigen Gruppen ergänzen die Tabelle.
- Das Thema der Einheit ist damit vorstrukturiert.

Beispiel:

Thema: Auf der Erde gibt es viele Religionen

A – Allah, Altar, Allerheiligen ...
B – Beten, Bibel, Beschneidung ...
C – Christen
D – ----------
E – Engel ...

Menschen	Brauchtum	Einrichtung
Christen	beten	

Weitere Hinweise:

Zeitansatz: Einzelarbeit ca. 15 Min., Partnerarbeit ca. 10 Min., Kleingruppen ca. 10 Min.

normale Sitzordnung, Gruppentische

Fragebogen, vergrößerter Fragebogen an Pinnwand, Auswertungsbogen

Zielsetzung:

Schüler sollen durch das Ausfüllen und Auswerten eines Fragebogens ihre Voreinstellungen zu einem Thema erfahrbar werden lassen.

Durchführung:

- Lehrer verteilt Fragebogen mit bis zu zehn Fragen zu einem Thema an die Schüler.
- Schüler bearbeiten den Bogen und füllen ihn aus.
- Lehrer sammelt die fertigen Bögen ein, mischt diese durch und verteilt sie wieder an die Schüler zurück. Jeder hat jetzt einen nicht von ihm ausgefüllten Bogen.
- Schüler begutachten den erhaltenen Fragebogen.
- Schüler treffen sich in einer Kleingruppe, werten ihre Fragebögen aus und zählen die Stimmen.
- Die Gruppenergebnisse werden an einer Pinnwand zusammengestellt.
- Gemeinsam spricht man über Themen oder Inhalte, die sich aus den Antworten ergeben.

Beispiel:

Thema: Streit und Versöhnung

Lehrer:
Wir beginnen heute ein neues Thema. Dazu teile ich euch einen Fragebogen aus, den ihr bitte ohne Namensnennung ehrlich ausfüllt, so wie es auf euch zutrifft. Damit möchte ich eure Einstellung kennenlernen. Den Fragebogen werde ich einsammeln, mischen und zur Auswertung wieder verteilen. So kann keiner feststellen, was ihr vorher geantwortet habt.

Fragebogen

	häufig	selten	nie
1. Ich habe Streit beobachtet.			
2. Ich habe beim Streit mitgemacht.			
3.			

Auswertung

	häufig	selten	nie
1.	5	8	2
2.			
3.			

4.8 Assoziationsstern

ca. 30 Min. | ab Kl. 3

Stuhlkreis, Unterrichtsgespräch

Pinnwand oder Tafel, farbige Kreide

Zielsetzung:

Schüler assoziieren zu einem Themenimpuls und entwickeln so Ideen und Lösungsansätze für die weitere Unterrichtsplanung.

Durchführung:

- Schüler sitzen im Stuhlkreis.
- Lehrer verweist auf den unausgefüllten Stern auf der Pinnwand. Das Thema steht gut sichtbar im Körper des Sterns.
- Schüler lassen den Impuls auf sich wirken und sammeln im Geiste mögliche Antworten.
- Auf ein Zeichen hin äußern die Schüler ihre Ideen, Gedanken oder Vorschläge. Der Lehrer notiert diese als Stichworte an jeden Zacken des Sterns.
- Jede Wortmeldung wird festgehalten, nur keine Wiederholungen, jeder Schüler kann sich mehrfach melden.
- Nach Beendigung der Ideensammlung betrachten die Schüler in Ruhe den ausgefüllten Stern.
- Im Unterrichtsgespräch werden Fragen, Kritik oder Kommentare zu einzelnen Begriffen geklärt.
- Abschließend werden die Begriffe, die inhaltlich zusammenpassen, mit der gleichen Farbe unterstrichen und die Struktur der Thematik festgezurrt.

Beispiel:

Thema: Wie spürst du Angst?

Weitere Hinweise:

Die Anzahl der Zacken im „Angststern“ auf 16 begrenzen.

4.9 Fragenkatalog clustern

ca. 45 Min. | ab Kl. 3

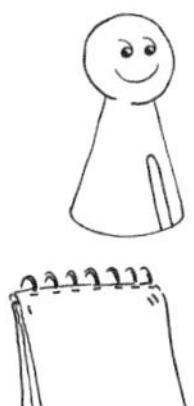

normale Sitzordnung, 4er-Gruppen

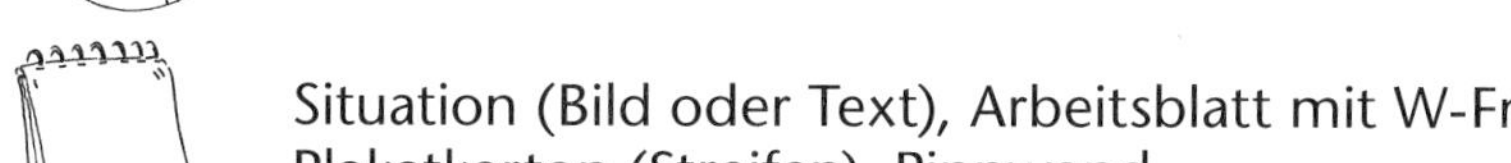

Situation (Bild oder Text), Arbeitsblatt mit W-Fragewörtern, Plakatkarton (Streifen), Pinnwand

Zielsetzung:

Schüler strukturieren durch das Formulieren und Ordnen von W-Fragen eine vorgesehene Unterrichtsreihe.

Durchführung:

- Lehrer gibt eine Einführung in eine konkrete Situation (Bild oder Text).
- Schüler denken über Bild/Text nach. Sie erhalten ein mit einem Arbeitsauftrag versehenes Arbeitsblatt mit einem W-Fragen-Katalog.
- Schüler formulieren W-Fragen für die konkrete Situation und schreiben diese auf das Blatt.
- Schüler bilden Vierergruppen. Sie tragen sich gegenseitig ihre W-Fragen vor und einigen sich auf vier bis sechs wichtige Fragen. Diese Fragen schreiben sie auf einen Kartonstreifen.
- Die erste Gruppe (Reihenfolge ausgelost) trägt ihre Ergebnisse vor und heftet die Kartonstreifen an die Pinnwand.
- Die zweite Gruppe ergänzt mit ihren Kartonstreifen. Wiederholungen werden übereinander oder direkt daneben befestigt.
- Nach der Präsentation aller Gruppen werden gleiche Fragestellungen durch Clustern zusammengefügt. Es entsteht ein Gebilde von zusammenpassenden Fragen, das die Unterrichtsreihe strukturieren hilft.

Beispiel:

Thema: Auch der Tod gehört zum Leben

Lehrer: Ich lese euch aus dem Tagebuch der 9-jährigen Susanne vor: Gestern war Volkstrauertag. Eigentlich hätte ich gar nichts davon bemerkt, wenn Vater mich nicht auf den Friedhof mitgenommen hätte. Ich war total überrascht. So viele Menschen in Uniformen und mit Fahnen standen bei dem Hochkreuz in der Mitte des Friedhofs ...

Weitere Hinweise:

Als Einstieg kann auch ein Video- bzw. DVD-Ausschnitt gewählt werden.

4.10 Papierstreifen

normale Sitzordnung, Kleingruppen

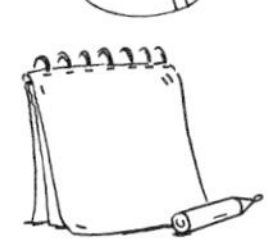

farbige Papierstreifen (pro Schüler 3), Behälter, Tafel

Zielsetzung:

Schüler schreiben individuelle Geschichte aufgrund von zugelosten Stichworten, vergleichen und bereiten eine Unterrichtsreihe thematisch vor.

Durchführung:

- Lehrer verteilt an jeden Schüler drei verschieden farbige Papierstreifen. Er öffnet die Tafel und gibt den Arbeitsauftrag, den die Schüler dort nachlesen können.
- Schüler notieren auf jedem Streifen drei bis fünf Stichwörter jeweils zu einer konkreten Frage, gemäß der vorgegebenen Farbe.
- Die Papierstreifen werden gefaltet, in jeweils drei verschiedenen Behältern eingesammelt und vermischt.
- Jeder Schüler zieht sich aus jedem Behälter wieder einen Streifen.
- Schüler tragen die gefundenen Stichwörter zu den drei Fragen zu einer kurzen Geschichte zusammen und schreiben diese auf.
- Schüler bilden Kleingruppen und lesen sich wechselseitig ihre Geschichten vor. Sie geben in der Gruppe jeder Geschichte eine passende Überschrift.
- Die Überschriften werden dem Plenum vorgetragen und bilden die Grundlage für die weitere Planung der Unterrichtsreihe.

Beispiel:

Thema: Außenseiter

Lehrer: In den nächsten Stunden sprechen wir über das Thema Außenseiter. Dazu habt ihr die drei Papierstreifen erhalten. Auf jeden Streifen schreibt ihr drei bis fünf Stichwörter. Auf den grünen Streifen notiert ihr Stichwörter zu der Frage „Was ist ein Außenseiter?“, auf den roten Streifen Stichwörter zu der Frage „Wo gibt es Außenseiter?“ und auf den weißen Streifen Stichwörter zu der Frage „Wer kann dem Außenseiter helfen?“. Wenn ihr mit einem Streifen fertig seid, faltet ihr ihn in der Mitte.

Weitere Hinweise:

Ausgeloste Gruppen können ihre „Lieblingsgeschichte“ vorlesen.

Index

Auer empfiehlt

Die optimale Ergänzung zu diesem Buch:

WWW.AUER-VERLAG.DE
WEBSERVICE
www.auer-verlag.de/go/
6701

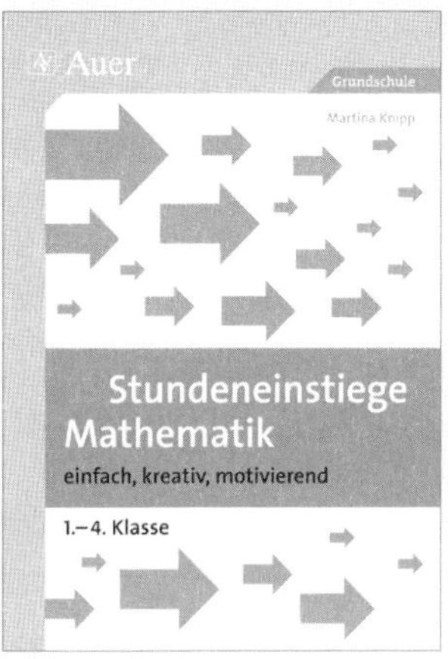

64 S., 16,5 x 23,5 **cm**
▶ *Best-Nr.06701*

Martina Knipp

55 Stundeneinstiege Mathematik

einfach, kreativ, motivierend | 1. - 4. Klasse

▶ *Der Fundus an praxiserprobten Ideen!*

Ein gelungener Stundeneinstieg ist schon die halbe Miete! Mit dieser Sammlung an praxiserprobten Stundeneinstiegen wecken Sie das Interesse Ihrer Schülerinnen und Schüler und ermuntern sie, gleich loszulegen. Die hier vorgestellten Ideen bieten Kommunikationsanlässe, fördern die Konzentration und erfassen das Vorwissen der Kinder.
Die übersichtliche Gliederung mit Angaben zu Thema, Dauer, Voraussetzung, Material, Durchführung und weiteren Hinweisen ermöglicht Ihnen eine schnelle Orientierung. Jede Methode ist anhand eines konkreten Beispiels ausgeführt und leicht auf andere Inhalte abstrahierbar.

Blättern im Buch

Leseprobe

Hörprobe

Auf der folgenden Seite finden Sie eine Leseprobe zu diesem Buch.

Weitere Titel aus dieser Reihe

Wolfgang Wertenbroch
55 Stundeneinstiege Deutsch
einfach, kreativ, motivierend
64 S., 16,5 x 23,5
▶ *06700*

Wolfgang Wertenbroch
55 Stundeneinstiege Sachunterricht
einfach, kreativ, motivierend
64 S., 16,5 x 23,5
▶ *06702*

Bestellschein (bitte kopieren und faxen/senden)

Ja, bitte senden Sie mir gegen Rech-

Anzahl	Best.-Nr.	Kurztitel
	06701	55 Stundeneinstiege Mathematik
	06700	55 Stundeneinstiege Deutsch
	06702	55 Stundeneinstiege Sachunterr.

☐ **Ja, ich möchte per E-Mail über Neuerscheinungen und wichtige Termine informiert werden.**

E-Mail-Adresse

Auer Verlag
Postfach 1152
86601 Donauwörth

Fax: 09 06 / 73-178
oder einfach anrufen:
Tel.: 09 06 / 73-240
(Mo-Do 8:00-16:00 & Fr 8:00-13:00)
E-Mail: info@auer-verlag.de

Absender: Aktionsnummer: 9066

Vorname, Nachname

Straße, Hausnummer

PLZ, Ort

Datum, Unterschrift

1.13 Schriftliches Addieren mit Zehnerübergang

ca. 10 Min. | ab Kl. 3

Schüler kennen den Zahlenraum bis (mindestens) 1 000 und beherrschen das kleine Einmaleins sicher.

Arbeitsblätter in der Größe DIN A3 mit vorgezeichneten großen Kästchen

Zielsetzung:

Schüler sollen die Systematik des schriftlichen Addierens erkennen.

Durchführung:

- Lehrer behauptet: „Egal, welche Zahlen ihr mir nennt, ich kann sie ganz einfach fehlerfrei addieren."
- 2 Schüler nennen eine Zahl.
- Lehrer notiert die Aufgabe.
- Impuls: „Vielleicht hat jemand von euch schon einmal gesehen, dass man Aufgaben mit großen Zahlen auch anders notieren kann!"
- Lehrer notiert die Zahlen untereinander.
- Schüler entwickeln Ideen, wie sie nun einfach rechnen können.
- Bei der ersten Zehnerüberschreitung problematisiert der Lehrer den Übertrag.
- Ein Schüler notiert den Übertrag an der richtigen Stelle.
- Eventuell überprüft ein Schüler die Lösung mithilfe des Taschenrechners.

Beispiel:

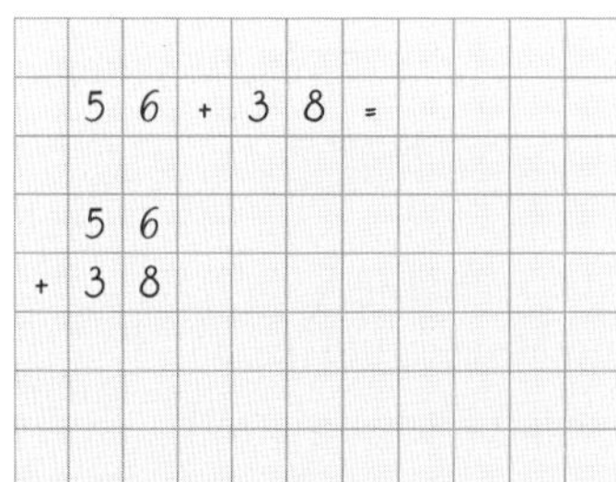

Weitere Hinweise:

In Gruppen mit vielen schwachen Rechnern bleiben diese Schüler beim Lehrer und rechnen 2 weitere Aufgaben mit diesem gemeinsam. Starke Rechner dürfen nach der Erarbeitung alleine weiterrechnen. Es empfiehlt sich, hierzu Aufgaben- und Lösungskarten zur Verfügung zu stellen.